M. Barringer.

CATALOGUE

DE LA

BIBLIOTHÈQUE

DE FEU M. E. EUGÈNE GOUPIL

LA VENTE AURA LIEU

Le Samedi 4 Février 1899

à huit heures précises du soir

Dans les salles de Ventes aux Enchères

DE LA LIBRAIRIE ÉM. PAUL et FILS et GUILLEMIN

28, rue des Bons-Enfants (Anciennes Maisons Silvestre et Labitte)

SALLE N° 1

Par le ministère de Me MAURICE DELESTRE, Commissaire-Priseur,

5, RUE SAINT-GEORGES

Assisté de MM. ÉM. PAUL et FILS et GUILLEMIN

LIBRAIRES-EXPERTS

28, RUE DES BONS-ENFANTS

CONDITIONS DE LA VENTE

La vente se fait expressément au comptant.

Les acquéreurs paieront 5 pour cent en sus des enchères.

Il y aura exposition le jour de la vente, de 2 à 4 heures.

Les livres devront être collationnés dans les vingt-quatre heures de l'adjudication. Passé ce délai, ils ne seront repris pour aucune cause.

Les Libraires chargés de la vente rempliront les commissions des personnes qui ne pourraient y assister.

CATALOGUE

DE LA

BIBLIOTHÈQUE AMÉRICAINE

De feu M. E. Eugène GOUPIL

LIVRES ANCIENS IMPRIMÉS AU MEXIQUE
OUVRAGES AYANT TRAIT A L'HISTOIRE
A L'ETHNOGRAPHIE ET A LA LINGUISTIQUE DE DIVERSES
CONTRÉES DE L'AMÉRIQUE

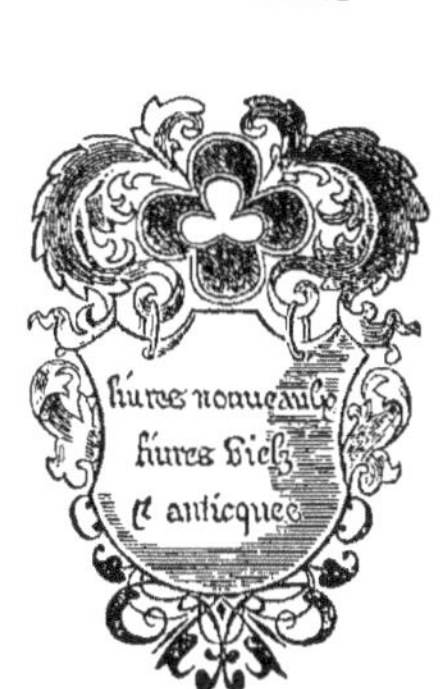

PARIS
ÉM. PAUL ET FILS ET GUILLEMIN
Libraires de la Bibliothèque Nationale
28, RUE DES BONS-ENFANTS, 28

—

1899

AVANT-PROPOS

La Bibliothèque Américaine de feu M. E. Eugène Goupil a été, comme le savent la plupart des personnes qui s'intéressent aux études relatives au Nouveau-Monde, formée au Mexique par feu M. J.-M.-A. Aubin.

Cette importante série de livres imprimés, anciens et modernes, parmi lesquels se trouvent de véritables raretés bibliographiques, (1) était digne de figurer auprès de la précieuse collection de manuscrits figuratifs recueillis par le même savant.

Comme nous l'avons dit dans sa biographie (2), M. Aubin vécut au Mexique, de 1830 à 1840. Pendant ce laps de temps, il réunit un grand nombre de documents relatifs à l'histoire des

(1) En plus de la grande et unique collection de manuscrits figuratifs mexicains, qu'elle a offerte à la Bibliothèque Nationale (le 13 janvier 1898), Mme Veuve Eugène Goupil a bien voulu joindre à ce don princier un certain nombre d'ouvrages imprimés, sur la linguistique américaine, qui semblaient faire défaut à notre grand établissement de la rue Richelieu.

(2) Voir Eugène Boban. *Documents pour servir à l'Histoire du Mexique* (nº 83 du présent catalogue).

anciens Mexicains, manuscrits figuratifs sur papier indigène ou européen et livres imprimés dans le pays.

Les manuscrits et livres imprimés provenaient pour la plupart des bibliothèques des couvents de Mexico, et étaient fournis à M. Aubin par un certain nombre d'ecclésiastiques et de savants avec lesquels il avait noué des relations. Aussi, plusieurs des volumes que nous présentons portent-ils sur la tranche une marque au fer chaud indiquant leur provenance : San Franc^{co} de Mex^{co} *et autres couvents.*

A son retour en france, M. Aubin continua ses achats pendant un demi-siècle afin de compléter sa collection. Aussi, outre le Mexique abondamment représenté, le Pérou, le Chili et la plupart des nations américaines occupent-ils une large place dans cette bibliothèque.

On y rencontre, notamment, les travaux des principaux linguistes et parmi ceux-ci des traités sur le Tagale principale langue des îles Philippines et des ouvrages relatifs à la langue Basque. Quelques-uns ne portent pas de nom d'auteur, la plupart de ces érudits appartenant au clergé.

Signalons parmi eux un certain nombre de moines étrangers, des Français surtout ; puis des Flamands, des Allemands, des Anglais, des Italiens, etc., dont il serait très intéressant de dresser une liste complète.

Beaucoup de ces auteurs durent cacher leur véritable nom par crainte du gouvernement colonial qui interdisait aux étrangers l'entrée des pays soumis à la domination castillane.

Depuis la publication de notre catalogue des manuscrits figuratifs, feu M. E. Goupil avait eu la satisfaction d'en voir plusieurs rentrer dans sa collection, soit par suite d'achats, soit par voie de restitution. Les manquants ont été autrefois empruntés, soustraits à M. Aubin, ou égarés ?

Nous avons eu le bonheur de récupérer un document de premier ordre, la célèbre peinture sur peau de cerf tannée : La Mappe de Tlotzin (n° 373), *(1) qui, absente de la collection Aubin depuis l'année 1867, y est revenue en 1894, grâce au concours généreux et désintéressé de deux personnes : M. le docteur E. M. et son ami M. A. L. qui désirent garder l'anonyme.*

---

(1) Voir nos *Documents pour servir à l'histoire du Mexique.* T. I. pp. 1, 18, 27, 30, 46, 65, 222 à 227. T. II, pp. 25, 26, 234, 267, 490.

M. Aubin fit faire une copie lithographiée de la Mappe de Tlotzin, chez Jules Desportes, imprimerie de l'Institution Nationale des Sourds-Muets à Paris.

Le texte se trouve dans son *Mémoire sur la peinture didactique et l'écriture figurative des anciens Mexicains* (brochure de 128 pages in-8, imp. chez Paul Dupont, à Paris. — 1849).

Une autre édition de cette peinture et de la Mappe Quinatzin a paru dans l'ouvrage intitulé Mission scientifique au Mexique et dans l'Amérique centrale, 1885, par ordre du ministre de l'Instruction publique. — Recherches historiques et archéologiques, publiées sous la direction de M. E. T. Hamy, conservateur du Musée d'Ethnographie : première partie. — Histoire. — Introduction par M. Hamy. Mémoire sur la peinture didactique et l'écriture figurative des anciens Mexicains par M. Aubin (Imprimerie Nationale, 1885). On trouve la description, texte traduit en espagnol, du manuscrit figuratif de Tlotzin, accompagnée d'une planche lithographiée dans : Anales del Museo Nacional de Mexico. T. III, entrega 9ª Mexico, 1886.

Nous exprimons ici toute notre gratitude à ces deux messieurs, de la part de Mme veuve Eugène Goupil, et de tous ceux qui s'intéressent aux études américaines, car désormais ce précieux document, joint aux autres à la Bibliothèque Nationale, se trouve à la disposition des chercheurs.

Il nous manquait aussi les sixième et septième relations de l'important document connu sous le titre de : Annales de Domingo Francisco de San Anton Muñon Chimalpahin Quauhtlehuanitzin *(1), lesquelles embrassent la période d'années comprise entre 1258 et 1612.*

Les première, deuxième, troisième, quatrième, cinquième et huitième relations nous restaient ; les deux relations complémentaires ont été retrouvées et rachetées dans une librairie parisienne, en 1893, ainsi que d'autres pièces fort importantes, après de nombreuses péripéties. Outre les pièces que nous venons de mentionner, M. Eugène Goupil avait augmenté par de nouveaux achats sa magnifique collection : parmi ses récentes acquisitions nous pouvons citer entre autres un grand manuscrit figuratif sur papier indigène, longueur 1m067×1m013, apporté à Paris en 1893 par M. Charles Baur, négociant français établi à Puebla (Mexique) ; nous l'avons nommé La Mappe Baur-Goupil, n° 375. *Le sujet représenté a trait à l'invasion des provinces de Cholula, Tlaxcala et les*

(1) Voir notre Catalogue déjà cité, T. I. pp. 17 et suivantes. — T. II. Document n° 74, p. 160.

contrées limitrophes, par les tribus Chichimèques. Ce même manuscrit a fait partie de la collection du chevalier Boturini, qui le décrit au nº 5, page 41, § XX de son catalogue : Idea de una nueva historia general de la America septentrional. Madrid, M. D. CC. XLVI.

Nous devons clore cette notice déjà un peu longue et y joindre les renseignements biographiques suivants, sur les deux derniers possesseurs de la célèbre collection du chevalier Boturini Benaduci, Señor de la Torre y Hono, antiquaire Milanais d'origine française, né à Sondrio (près le lac de Côme, Italie), en 1702, mort à Madrid en 1749.

M. Joseph Marius Alexis Aubin, né à Tourettes-les-Fayences, arrondissement de Draguignan (Var), le 18 juillet 1802, mort à Callian (même département), le 7 juillet 1891 ;

Et enfin M. E. Eugène Goupil, né à Mexico, le 14 décembre 1831, décédé le 24 octobre 1895 à Chaumontel (Seine-et-Oise), dans sa 64me année.

En terminant nous sommes heureux d'adresser nos félicitations bien sincères à Mme veuve **Eugène** *Goupil de son extrême générosité, de son désintéressement, ainsi qu'à toute sa famille d'avoir respecté et exécuté les projets de feu M. Eugène Goupil, en faisant don de sa magnifique collection de manuscrits figuratifs mexicains à la Bibliothèque Nationale, comme le voulait le défunt, son regretté mari.*

Paris, le 15 décembre 1898.

E. Boban.

ANTIQUITÉS MEXICAINES

LES AVENTURES D'UNE COLLECTION (1)

I

Depuis quelque temps, la Bibliothèque nationale possède une superbe collection de manuscrits et de documents relatifs à l'histoire du Mexique antérieurement à la conquête espagnole. Elle le doit à une libéralité privée dont tous les connaisseurs apprécieront la valeur vraiment exceptionnelle. On sait le charme particulier qui, malgré les difficultés du sujet, attire les érudits vers ce mystérieux passé du Mexique et de l'Amérique centrale, ce passé si brutalement clôturé par l'arrivée imprévue des conquistadores. *Ces aventuriers, aussi ignorants que hardis, brisèrent net l'essor d'une civilisation* sui generis, *absolument indépendante, encore très loin de son épanouissement complet, mais qui, sur plus d'un point, égalait la civilisation européenne du même temps. Aux Antilles, grandes et petites, Colomb et ses compagnons n'avaient rencontré que des tribus encore*

---

(1) Il nous a paru opportun de reproduire ici une intéressante étude de M. Albert Réville, professeur au Collège de France, parue dans le *Temps*, le 13 avril 1898, puis dans la *Revue des Bibliothèques* (mars-mai 1898), où les vicissitudes de cette collection sont exposées avec la plus grande exactitude.

très près de l'état sauvage. Au Mexique et dans l'Amérique centrale il en fut autrement. Ce fut comme si l'on eût abordé sur une autre planète habitée par des êtres semblables à nous, gouvernés par les mêmes lois physiques et morales. Quelle mine de comparaisons lumineuses éclairant les questions capitales de l'ethnographie et de l'anthropologie !

Malheureusement, les documents sont rares ou plutôt difficiles à se procurer, et d'une interprétation très laborieuse. Les conquérants espagnols en détruisirent beaucoup. Les missionnaires crurent faire œuvre pie en livrant aux flammes des quantités d'écrits ou du moins de feuilles couvertes de dessins et de caractères symboliques, tenant lieu de ce que nous appelons des écrits, constituant à la fois une hiéroglyphie particulière et un commencement d'écriture. Mais c'était à leurs yeux des productions païennes, par conséquent diaboliques.

Il en resta pourtant, mais les détenteurs les cachaient, soit par peur, soit par attachement héréditaire à ces débris d'un âge disparu. Le jour vint où, avertis du prix qu'on y attachait, ils tinrent la dragée très haute à ceux qui les voulaient acheter. Une des passions maîtresses, en effet, des trop rares érudits qui visitèrent la Nouvelle-Espagne, avec le sentiment de l'importance scientifique de son histoire précolombienne, fut de collectionner ces précieuses reliques dont la possession leur fut bientôt disputée par le gouvernement mexicain lui-même.

Outre la collection en neuf volumes, de valeur très inégale, de lord Kingsborough (Antiquités mexicaines, *Londres, 1830), la plus complète dont on eut connaissance, mais pas plus que la connaissance, était celle du chevalier Boturini, sénateur milanais, obligé par les événements de se retirer, vers 1735, en Portugal, puis en Espagne, d'où il partit pour le Mexique en 1736, chargé de recueillir les arrérages d'une pension de mille piastres allouée à une dame espagnole qui descendait de Montezuma. Très dévot à la Vierge de Guadalupe, dont une apparition miraculeuse fait partie de la légende mexicaine, et désireux d'en écrire l'histoire, il s'intéressa aux antiquités du pays et réunit un grand nombre de documents qui formèrent, depuis, le noyau de sa collection. La collection Kingsborough ne se composait que de copies imprimées, la sienne était formée d'originaux. Après beaucoup d'aventures et d'épreuves qu'il dut aux susceptibilités et à la tyrannie du gouvernement vice-royal, emprisonné, dépouillé, maltraité, il fut enfin renvoyé en Espagne où il trouva plus de justice. Il reçut même le titre d'historiographe des Indes. Mais il ne retourna pas à Mexico, et la mort l'enleva en 1750. Ses papiers et ses documents étaient restés sous séquestre ou plutôt on ne savait plus très bien où ils étaient. C'est un Français qui les fit sortir de leur cachette quelque cent ans après leur saisie. Il y a là une histoire assez curieuse.*

II

Les personnes qui fréquentaient les cours du Collège de France et de la Sorbonne, de 1880 à 1890, se rappellent peut-être un petit vieillard d'aspect bizarre, toujours très négligé, qui se traînait plus qu'il ne marchait vers les salles de cours, où il allait se placer à l'endroit qui lui convenait, sans se soucier de savoir s'il ne dérangeait pas ou ne gênait pas ses voisins. Il ne causait avec personne, attirant seulement l'attention par la singularité de sa tenue et son expression de défiance à l'égard de tout et de tous. Il s'appelait Joseph Aubin. Qui se fût douté que ce vieil original, tout cassé, tout en ruines, ancien directeur de section à l'Ecole normale de 1826 à 1830, s'était battu pendant les « glorieuses » *aux côtés de Littré et de Georges Farcy et qu'il avait vu tomber près de lui ce dernier, sur la place du Carrousel, pendant un vif engagement avec la garde royale?*

Peu de temps après la révolution de Juillet, il partit pour le Mexique , chargé d'une mission scientifique. Là, il s'enthousiasma pour les restes de l'ancienne civilisation américaine que son œil fureteur et exercé découvrit aisément sur ce sol encore imparfaitement exploré. Précepteur dans une riche famille, puis fondateur d'un collège franco-mexicain qui prospéra sous sa direction, il réussit, à force de patience et d'adresse, à réunir nombre de documents très rares qu'il étudia avec passion. Il apprit même le nahuatl, *l'ancienne langue indigène, pour les mieux comprendre, et il eut la chance inespérée de retrouver la majeure partie de la collection Boturini dans les couvents de Mexico, où elle avait été déposée par on ne sait trop qui, probablement pour qu'on en fît des copies, mais où elle dormait du sommeil de la Belle au bois dormant. Elle avait souffert de diminutions en passant de mains en mains jusqu'au moment où elle s'échoua dans ces paisibles retraites. Elle était encore d'une inestimable valeur.*

Aubin l'acheta à des moines pièce à pièce. C'est ainsi qu'en 1840 il put revenir en France possesseur de ces précieux documents, auxquels il avait joint les acquisitions nombreuses qu'il avait faites ailleurs.

Il s'occupa depuis lors pendant plusieurs années de la publication des pièces avec mémoires explicatifs, notamment de l'interprétation des peintures et de l'écriture figurative des anciens Mexicains. Il était à la veille de devenir le Champollion de cette seconde Egypte. Tout à coup il cessa de travailler. Son caractère avait changé. Il était devenu morose, misanthrope, extrêmement méfiant. Il paraît qu'il était atteint de la manie de la persécution. On raconte qu'il avait plusieurs domiciles pour dépister ses persécuteurs. Il s'était aperçu que quelques-unes de ses pièces avaient disparu sans qu'il pût s'expliquer comment. Cette découverte, qui l'impressionna beaucoup, la perte de sa fortune presque entièrement engloutie dans la débâcle du Panama, l'affaiblissement de ses facultés mentales achevèrent de le condamner à une oisiveté qui demeura studieuse, mais improductive.

III

Heureusement pour la science, Aubin avait encore quelques amis qui s'intéressaient à lui, entre autres les quelques américanistes *qui connaissaient la valeur de sa collection et pour lesquels seuls il se départait de sa méfiance extrême. Parmi eux se trouvait M. Boban, négociant français alors établi rue du Sommerard, qui lui-même avait séjourné longtemps au Mexique, s'était aussi pris de goût pour l'archéologie mexicaine, avait aussi collectionné et que l'empereur Maximilien, pendant son règne éphémère, avait attaché à son service avec le titre officiel d'antiquaire. La collection d'objets mexicains qu'il rapporta en France se trouve au Troca-*

déro sous le nom d'Alphonse Pinart, à qui elle fut cédée en 1875.

Aubin comptait aussi parmi ses appréciateurs un autre négociant, M. Eugène Goupil, né à Mexico d'un père français et d'une mère dont les ascendants remontaient jusqu'aux indigènes d'avant la conquête. A la tête d'une fabrique importante établie à Chaumontel (Seine-et-Oise), M. Goupil aimait à consacrer ses loisirs au même genre d'études que M. Boban, et lui aussi avait collectionné.

Cependant la renommée de la collection Aubin était parvenue jusqu'au gouvernement mexicain qui désirait l'acheter. Un certain docteur Peñafiel, publiciste mexicain, sachant l'état de gêne du vieil Aubin, vint lui faire des propositions fort tentantes, non sans recourir à quelques stratagèmes d'acheteur, et Aubin eût probablement été contraint d'accepter ses offres, malgré le désir qu'il avait que sa chère collection restât en France. On lui demandait le plus grand secret sur la négociation. C'est ce qui éveilla sa méfiance, et cette fois sa méfiance nous servit. M. Boban fut mis au courant des perplexités du vieux spécialiste, et il courut chez M. Goupil. Celui-ci n'hésita pas à faire de ses deniers le sacrifice nécessaire pour que ce trésor scientifique demeurât en France. Il en devint donc le possesseur, et M. Boban fut chargé de rédiger le catalogue raisonné de la collection. Ce catalogue a été publié chez E. Leroux, en 1891 (1).

(1) Boban (Eugène). *Documents pour servir à l'histoire du Mexique. Catalogue raisonné de la collection de M. Eugène Goupil (ancienne collection de J.-M.-A. Aubin). Manuscrits figuratifs et autres sur papier indigène d'« Agave mexicana » et sur papier européen, antérieurs et postérieurs à la conquête du Mexique (XVIe siècle).* Paris, Leroux, 1891, 2 vol. in-4 et un atlas de 80 planches.

M. Boban la trouva dans un désordre indescriptible. Découragement, fatigue ou calcul pour se préserver des larrons, Aubin l'avait laissée sans classement, sans numéros d'ordre, sans notes pour aider à la reconstituer. Il fallut à M. Boban un travail opiniâtre pour débrouiller ce fatras, réunir ou séparer les pièces et les munir de notes et d'aperçus bibliographiques indispensables à l'intelligence des matériaux. De ce travail de bénédictin sortirent deux gros volumes de Documents pour servir à l'histoire du Mexique *avec une tabl: analytique (E. Leroux, 1891) : puis, la publication d'une* Histoire de la nation mexicaine jusqu'à l'arrivée des conquérants espagnols et au delà, *traduction faite par Aubin d'un manuscrit figuratif avec explications en* nahuatl, *mais qu'il avait laissée dans son tiroir. C'est un très curieux ouvrage également annoté par M. Boban (Leroux, 1893). On peut y étudier, en quelque sorte sur le vif, l'étonnante conquête accomplie par Fernand Cortez, les vilains côtés de son caractère dont en Espagne on n'aime à voir que la face brillante, le bonheur insolent qui favorisa ses témérités les plus osées — depuis la chance inespérée qu'il eut d'aborder sans s'en douter sur le point du littoral mexicain le plus propice à ses desseins, jusqu'à l'aide incomparable que lui fournit l'attachement romanesque d'une indigène connue sous le nom de doña Marina, ou Malintzin. (Il paraît qu'il avait lui-même reçu le surnom de* Malino). *Sans le concours dévoué de cette pauvre exaltée, qu'il planta là quand il n'en eut plus besoin, Fernand Cortez eût certainement échoué.*

M. Goupil, possesseur de la collection Boturini-Aubin, mort le 24 octobre 1895, avait émis plus d'une fois son intention de la léguer à notre Bibliothèque nationale sans faire de ce vœu l'objet d'une disposition testamentaire. Sa veuve fut, comme l'avait été le vieil Aubin, sollicitée à plusieurs reprises de la céder pour une somme très considérable. Par piété conjugale et par patriotisme, elle résista à ces offres engageantes, et le 13 janvier de l'année où nous sommes, après l'accomplissement des formalités requises, livraison de la collection a été faite entre les mains du savant administrateur général du grand établissement de la rue Richelieu.

Après Mme Goupil, donatrice, c'est au zèle et à l'intermédiaire actif de M. Boban que nous sommes redevables de ce legs précieux. La cinquième section de l'Ecole des hautes études, où M. G. Reynaud fait depuis plusieurs années un cours absolument désintéressé, un cours libre, sur l'histoire religieuse si variée, si étonnante, de l'ancien Mexique, a eu aussi sa part de cette libéralité qu'on peut dire princière. Dorénavant, c'est en France que les spécialistes en cette branche si peu connue encore des études historiques auront à leur disposition les documents les plus authentiques et les plus instructifs. C'est ce qui permettra de reconstituer cette histoire pièces en mains. Au nom de la science française, ceux à qui nous devons cet enrichissement du matériel documentaire dont aucune histoire sérieuse ne peut plus se passer, celle du Mexique d'avant la conquête moins encore que toute autre, ont droit à toute notre gratitude. C'est tout un monde à ressusciter.

Albert RÉVILLE.

CATALOGUE

DE LA

BIBLIOTHÈQUE

AMÉRICAINE

DE FEU M. E. EUGÈNE GOUPIL

LINGUISTIQUE AMÉRICAINE ET OUVRAGES EN LANGUES DU MEXIQUE, DU PÉROU, ETC.

1. ALDAMA (J.-A.). Arte de la lengua Mexicana, dispuesto por D. Joseph Augustin Aldàma, y Guevàra, presbytero de el Arzobispado de Mexico. *Mexico, en la imprenta nueva de la Bibliotheca mexicana*, 1754, in-8, vélin.

82 ff. non ch.
Rare.

2. ARENAS (P. de). Vocabulario manual de las lenguas Castellana y Mexicana en que se contienen las palabras, preguntas, y respuestas mas communes, y ordinarias que se suelen en offrecer en el trato, y communicacion entre Españoles è Indios compuesto por Pedro de

Arenas. *Mexico, Imprẽta de Francisco de Rivera Calderon*, 1728, pet. in-8, dérelié.

6 ff. prél. non ch. et 140 pp.

Edition rare de cet excellent ouvrage souvent réimprimé.

Notules manuscrites; manque le f. H vii.

3. ARENAS (P. de). — Le même ouvrage. *Mexico, Imprenta de Francisco de Rivera Calderon, s. d.* pet. in-8, préparé pour la reliure.

Réimpression de l'édition précédente ; même collation.

4. — Le même ouvrage. *Reimpreso en la Puebla de los Angeles, en la officina de Don Pedro de la Rosa*, 1793, in-8, vélin.

6 ff. prél. non ch. et 145 pp.

5. BERTONIO (le P. L.). ARTE, Y FRASIS DE LA LENGUA AYMARA, compuesto por el Padre Ludovico Bertonio. En los Reyes en 21 de Agosto de 1612. (A la fin :) *Impresso en la Casa de la Compañia de Jesus del pueblo de Juli en la provincia de Chucuyto. Con la emprenta de Francisco del Cãto, Año de M.DC.XII* (1612), in-8, vélin.

Les deux exemplaires que nous possédons de cette rarissime édition étant incomplets et les bibliographes (à l'exception de Ludewig) ayant toujours nié son existence (voir Leclerc : *Bibliotheca Americana*, n° 2115), nous ne pouvons donner sa collation que sous toutes réserves.

6 ff. prél. non ch. 40 ff. très mal ch. 131 pp. 2 ff. non ch. 241 pp. et 10 ff. non ch.

Exemplaire incomplet des 6 ff. prél. et des 40 ff. ch. — Déchirure enlevant un peu de texte au dernier f.

6. BERTONIO (le P. L.). Le même ouvrage, même édition, in 8, vélin.

Exemplaire incomplet du titre, du 4e f. prél. des 16 premiers ff. ch. des pp. 1-2, 5-6, 11-36, 47-78, 99-110, 127-128 de la première partie ; 47-78, 85-86, 91-92, 97-98, 119-132, 179-190, et 240 à fin de la deuxième partie.
Déchirure à un f.

7. BRASSEUR DE BOURBOURG (l'abbé). Gramatica de la lengua Quiche. Grammaire de la langue Quichée espagnole-française, mise en parallèle avec ses deux dialectes, cakchiquel et tzutuhil... Ouvrage accompagné de notes philologiques avec un vocabulaire... par l'abbé Brasseur de Bourbourg. *Paris, Arthus Bertrand*, 1862, gr. in-8, musique notée, br.

Ce volume renferme en plus de la Grammaire un ancien drame quiché, le *Rabinal Achi*, accompagné de sa musique originale et d'airs indigènes, recueillis au Nicaragua, avec traduction française en regard du texte quiché.
ENVOI AUTOGRAPHE de l'auteur à M. AUBIN.
Voir : *Popol Vuh*, no 58.

8. — Manuscrit Troano. Etudes sur le système graphique de la langue des Mayas, par M. Brasseur de Bourbourg *Paris, Impr. Impériale* 1869-70, 2 vol. in-4, br.

Exemplaire sans les planches ; légère mouillure à la marge supérieure de quelques ff. du premier volume.

9. Cardenas y Leon (C.-C.-V. de). Breve practica y Regimen del Confessonario de Indios en Mexicano y Castellano ; para instruccion del confessor principiante, habilitacion, y examen del penitente ; que dispone para los Seminaristas, el Br. D. Carlos Celedonio Velasquez de Cardenas y Leon... *Mexico, Imprenta de la Bibliotheca Mexicana,* 1761, in-8, vélin.

12 ff. prél. non ch., 54 pp. et 1 f. blanc.

10. — Le même ouvrage, même édition, in-8, vélin.

11. CAROCHI (le P. H.). Arte de la lengua mexicana, con la declaracion de los adverbios della... por el Padre Horacio Carochi, Rector del Colegio de la Compañia de Jesus de San Pedro, y San Pablo de Mexico. *En Mexico, por Juan Ruyz,* 1645, in-4, dérelié.

6 ff. prél. non ch. 132 ff. de texte ; armoiries gravées sur bois.

Première et rare édition de cette célèbre grammaire, qui était déjà rare il y a deux cents ans, ainsi que l'affirme le P. Ignacio de Paredes, dans la préface. de la seconde édition (1759). L'auteur, né à Florence en 1586, vint aux Indes en 1605 travailla avec zèle dans les missions du Mexique et mourut dans la maison professe de Mexico, vers 1666.

Exemplaire grand de marges (témoins).

12. — Compendio del arte de la lengua mexicana del P. Horacio Carochi... dispuesto con

brevedad, claridad, y propriedad, por el P. Ignacio de Paredes... *Mexico, Imprenta de la Biblio-theca Mexicana*, 1759, in-4, front. gr. vélin.

Frontispice gravé sur cuivre par Zapata ; 12 ff. prél. non ch. et 202 pp.

Abrégé de la célèbre grammaire du P. Carochi, fait par le P. Ignace de Paredes ; il est fort estimé et est devenu très rare.

Bel exemplaire sans piqûres ni mouillures.

13. Carochi (le P. H.). — Le même ouvrage, même édition, in-4, front. gr. vélin.

Très bel exemplaire.

14. — Le même ouvrage, même édition, in-8.

Exemplaire sans le frontispice.

15. Charencey (le Comte H. de). Ouvrages divers, la plupart relatifs à la linguistique américaine. — Réunion de 3 brochures et 5 vol. gr. in-8, br.

Chrestomathie Maya, d'après la chronique de Chac-Xulub-Chen. Texte avec traduction interlinéaire, analyse grammaticale et vocabulaire maya-français. *Paris*, 1891. — De la Conjugaison dans les langues de la famille Maya-Quichée. *Louvain*, 1885. — Confessionario en lengua Mixe. *Alençon*, 1890. — Arte en lengua Mixteca. *Alençon*, 1889. — Djemschid et Quetzalcoatl, Mémoire lu par M. le Comte de Charencey à la séance du 6 avril 1893 (*extrait de la Revue des traditions populaires*). — L'Orphée Américain. *Caen*, 1892. — De la parenté du basque avec divers idiomes des deux continents. *Caen*, 1894. — Cartulaire de l'abbaye de Notre-Dame de la Trappe. *Alençon*, 1889

16. Chimalpahin Quauhtlehuanitzin. Annales de Domingo Francisco de San Anton Muñon Chimalpahin Quauhtlehuanitzin. Sixième et septième relations (1258-1612), publiées et traduites sur le manuscrit original, par Rémi Siméon. *Paris, Maisonneuve*, 1889, in-8, br.

De la *Bibliothèque linguistique américaine.*

17. Clara y sucinta exposicion del pequeño catecismo impreso en el idioma mexicano seguiendo el orden mismo de sus preguntas y respuestas, para la mejor instruccion de los feligreses Indios, y de los que comienzan à aprender dicho idioma, por un Sacerdote devoto de la Madre Santissima de la Luz... *Puebla, officina del Oratorio de S. Felipe Neri*, 1819, in-8, vélin.

2 ff. prél. non ch. et 68 ff. à pagination double.

18. (Doctrina christiana en Quichua y español.) In-8, vélin.

Impression des premières années du XVIIe siècle, sans doute de Lima. Ce doit être une nouvelle édition de la Doctrine chrétienne en quichua, parue chez Antonio Ricardo, le premier imprimeur de Lima, en 1584. — Le Quichua était une langue parlée par tous les Indiens soumis aux Incas.

Exemplaire incomplet de plusieurs ff. dont le titre et les deux ou trois derniers. Il débute par 11 ff. non ch. ; le texte commence au f. 35 pour finir au f. 184 (ch. à tort 151) ; viennent ensuite 7 ff. non ch., dont la table, s'arrêtant au mot *Oracion.*

19. Domenech (l'abbé E.). Manuscrit pictographique Américain, précédé d'une notice sur l'idéographie des Peaux-Rouges, par l'abbé Em. Domenech. *Paris, Gide*, 1860, gr. in-8, 119 pp. de texte et 228 pl. en noir et en rouge, débroché.

Ouvrage des plus singuliers, publié sous les auspices du ministre d'Etat et qui donna lieu à une vive polémique en France et en Allemagne. Il est devenu fort rare, la plupart des exemplaires ayant été détruits.

Envoi autographe de l'abbé Domenech (le nom du destinataire est coupé).

20. Febres (le P. A.). Arte de la lengua general del reyno de Chile, con un dialogo Chileno-Hispano muy curioso : et que se añade la Doctrina christ'ana, esto es rezo catecismo, coplas, confesionario, y plàticas; los mas en lengua Chilena y Castellana : y por fin un vocabulario Hispano-Chileno, y un Calepino Chileno Hispano mas copioso, compuesto por el P. Andres Febres. *Lima, en la calle de la Encarnacion*, 1765, in-8, vélin à recouvr.

15 ff. prél. non ch. 682 pp. et 1 f. non ch.

Grammaire très rare. — Le P. André Fabres, jésuite, né à Manresa (Espagne), était missionnaire au Pérou à l'époque de la suppression de l'ordre.

21. FLORES (Le P. J.-J.). ARTE DE LA LENGUA METROPOLITANA DEL REYNO CAKCHIQUEL, o Guatemalico, con un parallelo de las lenguas metropolitanas de los Reynos Kiche, Cakchiquel, y Z'utuhil que hoy integran el

Reyno de Guatemala, compuesto por el P. F. Ildefonso-Joseph Flores. *Guatemala, Sebastian de Arebalo,* 1753, in-8, vélin.

27 ff. prél. non ch. vignette sur cuivre, et 387 pp. avec vign sur bois.

LIVRE RARISSIME dont on nia longtemps l'existence, ce ne fut qu'en 1856 que Brasseur de Bourbourg en fit la découverte et la signala aux bibliographes.

L'auteur, né au Guatemala même, fut professeur de langue Kakchiquel (dialecte du Quiché) à l'Université de Guatemala.

Cet exemplaire, de même que les deux ou trois autres connus, n'est pas complet, les pp. 33-34 et 39-40 manquent. — Les derniers ff. sont détachés, mais le restant du volume est bien conservé.

22. GALDO GUZMAN (le P. D de). Arte Mexicano, por el Padre Fr. Diego de Galdo Guzman... *En Mexico, por la Viuda de Bernardo Caldero,* 1642, pet. in-8, vélin.

8 ff. prél. non ch. 206 ff. ch. et 2 ff. non ch.

Ouvrage fort rare, composé par un père de l'ordre de Saint-Augustin, professeur de mexicain et d'otomi à l'Université de Mexico.

SIGNATURE AUTOGRAPHE de l'auteur au verso du f. 44.

Raccommodage en marge d'un f.

23. — Le même ouvrage, même édition, pet. in-8, vélin.

Exemplaire grand de marges, avec la SIGNATURE AUTOGRAPHE de l'auteur au verso du f. 44.

Titre légèrement fatigué ; piqûres de vers.

24. Gastelu (A.-V.). Arte de lengua Mexicana, compuesto por el bachiller D. Antonio Vasquez Gastelu, el Rey de Figueroa... Corregido segun su original por el Br. Antonio de Olmedo y Torre... *En la Puebla... Imprenta de Francisco Xavier de Morales, y Salazar*, 1726, in-4, vélin.

2 ff. prél. non ch. et 53 ff. ch. par erreur, 54.

Grammaire rare et recherchée : c'est ici la quatrième édition, beaucoup augmentée et plus correcte que la première (1689).

25. Gomara (F.-L. de). Historia de las conquistas de Hernando Cortès, escrita en español, por Francisco Lopez de Gomara, traducida al mexicano y aprobada por verdadera, por D. Juan Bautista de San Anton Muñon Chimalpain Quauhtlehuanitzin, Indio Mexicano. Publicala para instruccion de la juventud nacional, con varias notas y adiciones, Carlos Maria de Bustamante. *Mexico, Ontiveros*, 1826, 2 vol. in-4 bas. marb. et br.

Tome I : 1 f. non ch. xiii et 315 pp. — Tome II : 1 f. pour le titre, 187 pp. 1 f. non ch. 39 pp. pour le supplément et 2 ff. non ch. de table.

Cette édition de la célèbre histoire de Gomara se recommande par le nom de son éditeur ; elle est rare et très recherchée.

Le second volume est non rogné.

26. Gramatica de la lengua Zapoteca, por un autor anonimo. *Mexico, Officina tip. de la Secretaria de Fomento*, 1887, in-4, br.

Cette grammaire zapotèque (dialecte de l'Etat d'Oaxaca, Mexique) a été publiée par le Dr D. Antonio Peñafiel, sous les auspices de D. Carlos Pacheco, secrétaire d'Etat, d'après un manuscrit inédit appartenant au Dr D. José Antonio Alvarez, d'Oaxaca.

27. Guadalupe Ramirez (le P. F. A. de). Breve compendio de todo lo que debe saber, y entender el christiano, para poder lograr, ver, conocer, y gozar de Dios... dispuesto en lengua Othomi y construido literalmente en la lengua Castellana, por el P. Fr. Antonio de Guadalupe Ramirez... *Mexico, Imprenta nueva Madrileña de los Herederos del Lic. D. J. de Jauregui,* 1785, in 4, dérelié.

9 ff. prél. non ch. 80 pp. et un grand tableau plié.

Ouvrage très rare, imprimé avec des caractères phonétiques particuliers et divisé en deux parties. La première traite de l'alphabet et des règles de la lecture ; la seconde renferme le catéchisme.

Le tableau, qui manque presque toujours, est un extrait en cinq colonnes, par demandes et par réponses, des principaux préceptes religieux enseignés aux Indiens.

Le tableau est doublé ; cache sur le f. d'errata ; coin inférieur du titre enlevé.

28. Guadalupe Ramirez (le P. de). — Le même ouvrage, même édition, in-4, dérelié.

Exemplaire incomplet de 4 des ff. prél. des deux dernières pp. et du tableau.

29. Histoire de la nation mexicaine, depuis le départ d'Aztlan jusqu'à l'arrivée des conquérants espagnols (et au delà 1607.) Manuscrit figuratif accompagné de texte en langue nah-

uatl ou mexicaine suivi d'une traduction en français, par feu J. M. A. Aubin. Reproduction du *Codex* de 1576 appartenant à la collection de M. Eugène Goupil (ancienne collection Aubin). *Paris, Leroux*, 1893, pet. in-8 carré, fig. et pl. en couleur, br.

Reproduction en couleur d'un recueil d'éphémérides peint et écrit par Léon y Gama jusqu'en 1576 et continué par divers auteurs mexicains jusqu'en 1608. Il se compose de 158 ff. ornés de nombreuses figures et accompagnés d'une traduction française du texte nahuatl, par J.-M.-A. Aubin.

Voir n° 160.

30. HOLGUIN (le P. D. G.). VOCABULARIO DE LA LENGUA GENERAL DE TODO EL PERU, llamada lengua, Qquichua, o del Inca. Corregido y renovado conforme a la propriedad cortesana del Cuzco... compuesto por el Padre Diego Gonçalez Holguin... *Impresso en la Ciudad de los Reyes. Por Francisco del Canto, Año M DCVIII* (1608). — Libro segundo del vocabulario della lengua Qquichua, general del Peru, que comienca por el Romance. (A la fin :) *Lima, a ocho de Agosto del Año de* 1608. — Ens. 2 parties en 1 vol. in-4, vélin.

4 ff. prél. non ch. 375 pp. à 2 col. pour la première partie et 332 pp. à 2 col. pour la seconde.

Ouvrage précieux pour l'étude du Quichua. Le P. Gonçalez Holguin fut recteur de plusieurs collèges du Pérou et mourut dans le Chili, en 1618.

A part le titre, un peu taché, l'exemplaire est en très bon état.

31. HOLGUIN (le P. D. G.). VOCABULARIO DE LA LENGUA DE TODO EL PERU llamada lengua Qquichua, o del Inca. Corregido, y renovado conforme al propriedad cortesana Cuzco... compuesto por el Padre Diego Gonçalez Holguin... *Impresso en la Ciudad de los Reyes. Por Francisco del Canto. Año M.DC.VIII* (1608). — Libro segundo del vocabulario de la lengua Qquichua general del Peru, que comiença por el Romance... (A la fin :) *Lima, a ocho de Agosto del Año de* 1608. — Summario de los privilegios y facultades concedidas para los Indios. (A la fin :) *Impresso en la Ciudad de los Reyes por Francisco del Canto. Año de mil y sey scientos y ocho* (1608); 2 ff. — Gramatica, y Arte nueva de la lengua general de todo el Peru, llamada lengua Qquichua, o lengua del Inca... compuesta por el Padre Diego Gonçalez Holguin... *Impressa en la Ciudad de los Reyes del Peru, por Francisco del Canto. Año M.DC.VII* (1607), 4 ff. prél. non ch. 143 ff. ch. et 1 f. non ch. — Ens. 4 parties ou ouvrages en un vol. in-4, vélin.

Réunion rarissime de la grammaire Quichua et du dictionnaire décrit précédemment.

Titre en très mauvais état et doublé ; les 3 ff. prél. suivants manquent ; les pp. 209 à 222 de la première partie du *Vocabulario* sont manuscrites.

32. KINGSBOROUGH (Lord). ANTIQUITIES OF MEXICO ; comprising fac-similes of Ancient

Mexican paintings and hieroglyphics, preserved in the royal libraries of Paris, Berlin, and Dresden... together with the monuments of New Spain, by M. Dupaix; with their respective scales of measurement and accompanying descriptions. The whole illustrated by many valuable inedited manuscripts, by lord Kingsborough; the drawings on stone, by A. Aglio. *London*, 1831-48, 5 vol. de texte et 4 vol. gr in-fol. de plus de 1000 pl. demi-rel. mar. vert avec coins, tête dor. non rog.

Splendide publication de la plus haute importance pour l'histoire de la peinture et de l'architecture au Mexique.

On trouvera à la fin du catalogue une description très détaillée, par M. Eugène Boban, de cet ouvrage capital.

Bel exemplaire.

33. Landa (D. de). Relation des choses de Yucatan de Diego de Landa. Texte espagnol et traduction française en regard, comprenant les signes du Calendrier et de l'alphabet hiéroglyphique de la langue Maya... avec une grammaire et un vocabulaire abrégés français-maya, précédés d'un essai sur les sources de l'histoire primitive du Mexique et de l'Amérique centrale, etc, par l'abbé Brasseur de Bourbourg *Paris, Arthus Bertrand*, 1864, gr. in 8, fig. hiéroglyphiques, br.

Cette relation est le seul ouvrage original de l'époque de la conquête, relatif à la péninsule yucatèque.

Envoi autographe de l'auteur à M. Aubin.

34. La Salle de l'Estang (S.-P. de). Dictionnaire Galibi, présenté sous deux formes: I° commençant par le mot françois ; II° par le mot galibi, précédé d'un essai de grammaire, par M. D. L. S. (Sim. Phil. de La Salle de l'Estang). *Paris, Bauche*, 1763, in-8, cart.

xvi pp. pour le titre et la préface, 24 et 126 pp. et 1 f. non ch. d'errata.

Cet ouvrage, également attribué à de La Sauvage, est le meilleur et le plus complet que nous ayons sur la langue *galibi*, parlée dans presque toute la Guyane française. Il a été principalement composé sur les documents inédits que le P. Pelleprat écrivit pendant son séjour dans les missions.

35. Manual para administrara los Indios del idioma Cahita los Santos Sacramentos segun la reforma de NN. SS. PP. Paulo V, y Urbano VIII, compuesto por un Sacerdote de la Compañia de Jesus, Missionero en las de la provincia de Zynaloa... *Mexico, en la Imprenta Real del Superior Gobierno de Doña Maria de Rivera*, 1740, in-8, vignette sur bois, vélin.

13 ff. prél. non ch. 163 pp. et 2 ff. non ch.

Ouvrage publié par les soins de l'alferez D. Sébastian Lopez de Guzman y Ayala.

36. Marban (le P. P.). Arte de la lengua Moxa, con su vocabulario, y cathecismo, compuesto por el M. R. P. Pedro Marban de la Compañia de Jesus... *S. l. (Lima), Imprenta Real de Jo-*

seph de Contreras, s. d. (1701), in-8, vélin à recouvr.

8 ff. prél. non ch. 664 pp. pour l'*Arte*, 202 pp. pour le catéchisme et 1 f. non ch. pour l'index.

Important ouvrage, dont l'auteur était supérieur des missions des Indiens Moxos, dans la province du Pérou ; son livre est le seul qui ait été publié sur la langue des Indiens de ces régions.

Bel exemplaire (nombreux témoins).

37. Marban (le P. P.). Le même ouvrage, même édition, in 8, vélin à recouvr.

Bel exemplaire.

38. Martin de Leõ (le P. F.). Camino del Cielo en lengua Mexicana... Cõpuesto, por el P.-F. Martin de Leõ, de la ordẽ de Predicadores... *Mexico, en la Emprenta de Diego Lopez Daualos, y a costa de Diego Perez de los Rios*, 1611, in-4, vélin.

12 ff. prél. non ch. 158 ff. ch. par erreur 160 (les ff. 49, 74 et 75 sont sautés et le f. 69 est compté deux fois), 6 ff. non ch. — Vignette et lettres ornées gr. sur bois.

Livre mystique presque entièrement écrit en mexicain et de la plus grande rareté.

Titre fatigué ; mouillures ; piqûres de vers.

39. — Le même ouvrage, même édition, in-4, vélin.

Exemplaire incomplet du titre et des 3 premiers ff. prél. des ff. 2, 9, 12, 124 à 158 et des 4 derniers ff. non ch. qui suivent la table.

Mouillures ; raccommodages.

40. Melgar (D. E.-S. de). Arte de la lengua general del yngal lamada Qquechhua, compuesto por el Bac. D. Estevan Sancho de Melgar. *Lima, Diego de Lyra,* 1691, pet. in-8, vélin.

11 ff. non ch. 54 pp. (ch. par erreur 50) et 1 f. non ch.

Grammaire fort rare. — Estevan Sancho de Melgar, né à Lima, était professeur de quichua à l'archevêché de cette ville.

Notre exemplaire paraît incomplet du dernier f.

41. Mexia y Ocon (J. Roxo). Arte de la lengua general de los Indios del Peru, por el doctor Juan Rosco Mexia y Ocon... *Impresso en Lima, por Jorge Lopez de Herrera,* 1648, in-8, vélin.

18 ff. prél. non ch. avec armoiries gr. sur bois au verso du titre; 87 ff. ch. et 1 f. non ch.

Grammaire très rare.

Mouillure; fort raccommodage au titre.

42. Mexicaine (Langue). Théologie : Evangiles, catéchismes, etc., en mexicain. — Réunion de 1 brochure et 7 vol. de divers formats, rel. cart. ou br.

El Evangelio de S. Lucas del latin al Mexicano ó mejor Nahuatl. *Londres,* 1833, pet. in-12. (2 *exemplaires*). — Catecismo de la doctrina Christiana, por el P. Ripalda. *Mejico,* 1831, pet. in-16, 128 pp. front. (3 *exemplaires*). — El Devoto instruido en el santo sacrificio de la Misa, por el P. Luiz Lanzi, traduccion libre al idióma Yucateco, por el P. Fr. Joaquin Ruz. *Merida de Yucatan,* 1835, pet. in-4 de 9 ff. — Etc.

43. Mijangos (le P.-J. de). Espejo divino, en lengua Mexicana, en que pueden verse los Padres, y tomar documento para acertar a doctrinar bien a sus hijos, aficionallos alas virtudes, compuesto por el Padre F. Joan de Mijangos, religioso indigno... doctor de la Yglesia, y Obispo de Yponia, etc. *Mexico, en la Emprenta de Diego Lopez Datalos*, 1607, in-4, dérelié.

Ouvrage de toute rareté, non décrit par les bibliographes. Il se compose de 7 ff. prél. non ch. et 562 pp. et est orné de 4 figures, de grandes majuscules, fleurons et culs-de-lampe, le tout gravé sur bois.

Titre déchiré et remonté; mouillures ; les coins inférieurs des derniers ff. sont rongés.

44. — Le même ouvrage, même édition, in-4, dérelié.

Exemplaire incomplet du titre, des trois premiers et du sixième ff. prél. des pp. 1-2, 293 à 308, 311 à 314 et 557-558.

Mouillures et déchirures.

45. MOLINA (le P. A. de). Confessionario breve (y mayor), en lengua || Mexicana y castellana, compuesto por el muy reverēdo|| padre fray Alonso, de Molina, de la ordē del sera||phico padre Sant Francisco. || *En Mexico, en casa de Antonio de Espinosa*, 1565, 2 parties en 1 vol. in-4, goth. fig. sur bois, dérelié.

Rarissime ouvrage dont on ne connaît qu'un seul exemplaire complet, celui de Ramirez. La première partie, renfermant le *Confessionario breve*, se compose de

20 ff. ch. à 2 col. dont le titre en rouge et noir, avec grande figure sur bois. La seconde partie (*Confessionario mayor*) comprend 121 ff. ch. à 2 col. dont le titre également tiré en rouge et noir avec figure et 3 ff. non ch. de table. — Plusieurs figures sur bois ornent de plus cet ouvrage.

Le P. Alonso de Molina vint tout enfant au Mexique dont il apprit à fond la langue et servit d'interprète aux premiers religieux de saint François.

Exemplaire incomplet des ff. 12 à 14 et 16 à 20 de la première partie et des ff. 1 à 11, 15, 56, 57, 64 et 96 de la seconde.

Raccommodages et piqûres de vers à quelques ff.

46. Molina (le P. A. de). ¶ Aqui comiença un vocabula||rio en la lengua Castellaña y mexicana, compuesto || por el muy reverendo padre fray Alonso de || Molina : guardiã dl cõvẽto d sant Antonio d || Tetzcuco d la ordẽ de los frayles Menores. || (A la fin :)... *Imprimio se ẽ la muy grãde insigne y muy led al ciudad de Mexico, en casa de Juã Pablos, a quatro dias del mes de Mayo de 1555*, in-4, dérelié.

Rarissime ouvrage, dont les bibliographes ne connaissent que quatre ou cinq exemplaires, dont un seul complet. Il se compose de 8 ff. prél. non ch. 259 ff. ch. et 1 f. non ch. pour la souscription. C'est le premier dictionnaire mexicain qui ait été imprimé, et le seul existant encore pour apprendre cette langue.

Exemplaire incomplet du titre, de trois des ff. prél. des ff. 61 à 64, 249 à 257 et du dernier f. — Déchirures aux premiers ff.; mouillure ; piqûres de vers.

47. — VOCABULARIO EN LENGUA CASTEL-

LANA Y MEXICANA, compuesto por el muy Reverendo Padre Fray Alonso de Molina, de la Orden del bienaventurado nuestro Padre sant Francisco. Dirigido al muy excelente Señor Don Martin Enriquez, Visorrey destanueua España. *En Mexico, en casa de Antonio de Spinosa,* 1571, 2 parties en 1 vol. in-fol. fig. v. vert marb. dos orné, fil.

4 ff. prél. non ch. 121 ff. ch. à 2 col. et un f. non ch. avec une figure sur bois représentant un homme en prières et au recto la marque de l'imprimeur, pour le *dictionnaire espagnol-mexicain.* — 2 ff. prél. non ch. dont le titre avec portrait de saint François ; 162 ff. ch. à 2 col. dont le dernier porte la marque de l'imprimeur et une figure sur bois, pour le *Dictionnaire mexicain-espagnol.*

Ouvrage précieux et de la plus grande rareté, le seul qui existe pour apprendre à fond le mexicain.

Les rares exemplaires connus sont ou incomplets, ou en mauvais état. Notre exemplaire est bien complet et, à part une transposition de ff. et de légers raccommodages au premier et au dernier ff., d'une très bonne conservation.

48. Naxera (E.). De Lingua Othomitorum dissertatio, auctore Emmanuelle Naxera, Mexicano. *Philadelphiæ, ex prelis James Kay*, 1835, in-4 de 48 pp. br.

Le P. Naxera, né à Mexico en 1803, fut Prieur du couvent du Carmel de Guadalaxara, et mourut à Mexico en 1853.

49. Neve y molina (D. L. de). Reglas de Orthografia, diccionario, y arte del idioma Othomi, breve

instruccion para los principiantes, que dictó el L. D. Luis de Neve y Molina... *Mexico, Imprenta de la Bibliotheca Mexicana*, 1767, in-8, front. gr. vélin.

12 ff. prél. non ch. et frontispice gravé sur cuivre ; 160 pp. dont un tableau gr. par J. Franc. Gamez.

Traité de toute rareté, et d'autant plus précieux qu'il a été écrit par un indigène de la race des Otomis. L'auteur devint prêtre dans un séminaire du district, où il enseigna sa langue maternelle qui est une des plus répandues de la République mexicaine.

Très bel exemplaire.

50. Neve y molina (D. L. de). — Le même ouvrage, même édition, in-8, front. gr. bas. ant. porphyre, dos orné, fil.

Petite piqûre de ver.

51. — Le même ouvrage, même édition, in-8, vélin.

Exemplaire sans le frontispice et avec un trou au titre.

52. Paredes (le P. J. de). Promptuario Manual Mexicano. Que a la verdad podra ser utilissimo a los Parrochos para la enseñanza ; a los necessitados Indios para su instruccion ; y a los que aprenden la lengua para la expedicion... dispuso el P. Ignacio de Paredes, de la Compañia de Jesus... *Mexico, Imprenta de la Bibliotheca Mexicana*, 1759, in-4, front. gr. vélin.

Ouvrage fort rare, entièrement écrit en mexicain, et

le plus volumineux qui existe en cette langue. Il renferme quarante-six entretiens religieux, avec des exemples et exhortations morales et six sermons pour les dimanches du Carême ; le tout servant d'instruction religieuse pour les cinquante-deux dimanches de l'année.

La plupart des bibliographes en ont donné des collations différentes et souvent erronées ; voici celle de notre exemplaire qui est bien complet : 1 front. gr. sur cuivre renfermant le portrait de S.t Ignace, 23 ff. prél. non ch. (dont un renfermant une planche d'armoiries gr. sur bois), 380 pp. ch. en car. arabes et 90 pp. ch. en car. romains.

Très bel exemplaire.

53. Paredes (le P. J. de). — Le même ouvrage, même édition, in-4, vélin.

Exemplaire bien conservé mais incomplet du frontispice.

54. Perez (F.). Catecismo de la doctrina cristiana en lengua Otomi, traducida literalmente al castellano, por el presbitero D. Francisco Perez. *Mexico, Imprenta de Valdès,* 1834, in-4, vignette sur bois, br.

5 ff. non ch. 17 pp. pour le catéchisme, 43 pp. pour le « *Manualito otomitica para los principiantes* » et 1 f. non ch. d'errata.

55. Perez (le P. M.). Cathecismo romano, traducido en castellano y Mexicano, por el P. F. Manuel Perez, del Orden de N. P. S. Agustin... *Mexico, Francisco de Rivera Calderon,* 1723, in-4, v. moderne racine, dos orné, fil. tr. r.

14 ff. prél. non ch. et 248 pp. — Vignette sur bois.

Catéchisme très rare, composé par un professeur de mexicain à l'Université de Mexico.

56. PEREZ (le P. M.). — Le même ouvrage, même édition, in-4, demi-rel. v. brun, dos orné.

Exemplaire incomplet de la dédicace (3 ff. non ch.) et des pp. 245 à 248. — Le titre est doublé.

57. — FAROL INDIANO y Guia de curas de Indios. Summa de los cinco Sacramentos que administran los Ministros Evangelicos en esta America. Con todos los casos morales que succeden entre Indios... por el P. Fr. Manuel Perez, del orden de N. P. S. Augustin... — Arte de el idioma Mexicano. — Cathecismo romano, traducido en castallano y mexicano. — *Mexico, Francisco de Rivera Calderon*, 1713-23. — Ens. 3 ouvrages en 1 vol. in-4, bas. marb.

Trois ouvrages fort rares dont l'auteur, le P. Manuel Perez, né au Mexique, fut professeur de mexicain à l'Université de Mexico pendant plus de 25 ans.

Le premier se compose de 24 ff. non ch. 192 pp. et et 2 ff. non ch. — Le second, 8 ff. non ch. 80 pp. et 2 ff. non ch. — Le troisième, 14 ff. non ch. et 248 pp.

58. POPOL VUH. Le Livre Sacré et les mythes de l'antiquité américaine, avec les livres héroïques et historiques des Quichés. Ouvrage original des indigènes de Guatemala ; texte quiché et traduction française en regard, accompagnée de notes philologiques et d'un commentaire... par l'abbé Brasseur de Bour-

bourg. *Paris, Arthus Bertrand*, 1861, gr. in-8, planche lithographiée et carte, br.

Cet ouvrage, seule œuvre originale complète que nous possédions des anciennes races civilisées de l'Amérique Centrale, est précédé d'une longue introduction où l'auteur a réuni une foule de documents tendant à prouver que les anciens avaient connaissance du continent américain.

59. Ripalda (le P.-J. de). Catecismo Mexicano, que contiene toda la doctrina Christiana con todas sus declaraciones... dispusolo primeramente en castellano el Padre Geronymo de Ripalda... y despues para la comun utilidad de los Indios; y literalmente lo traduxo del Castellano, en el puro, y proprio Idioma Mexicano, el Padre Ignacio de Paredes. *Mexico, Imprenta de la Bibliotheca Mexicana*, 1758, in-8, front. gr. vélin.

16 ff. prél. non ch. dont un titre en espagnol et un titre en mexicain, ce dernier portant au verso les armoiries de Joseph Rubio y Salinas, archevêque de Mexico; frontispice gravé sur cuivre par Ortuño représentant saint François-Xavier instruisant de petits enfants indiens; 170 pp. et 1 f. non ch.

Version mexicaine du célèbre catéchisme de Ripalda, qui fut traduit dans presque toutes les langues. De tous les catéchismes traduits ou composés en mexicain, celui-ci est le plus complet, le plus exact et le plus élégant. Leclerc (nº 2334) en a donné une collation inexacte.

Exemplaire grand de marges mais incomplet des 8 premières pages du texte.

60. RIPALDA (le P. J. de). — Le même ouvrage, même édition, in-8, vélin.

Exemplaire incomplet du titre espagnol, du frontispice et des pp. 17 à 24 et 137 à 144.

61. RUIZ (le P. A.). Tesoro de la lengua Guarani, compuesto por el Padre Antonio Ruiz... *Madrid, por Juan Sanchez*, 1639, fort vol. in-4 à 2 col. vélin.

8 ff. prél. non ch. 407 ff. ch. à 2 col. et 1 f. non ch. pour la souscription.

ÉDITION ORIGINALE, très rare, de cet ouvrage sur la langue Guarani qui se parle dans le Paraguay, l'Uruguay et le Brésil.

Le P. Antonio Ruiz de Montoya, célèbre missionnaire du Paraguay, naquit à Lima, en 1583. Il entra dans la compagnie de Jésus en 1606, fut envoyé dans les missions où il convertit plus de cent mille Indiens et revint mourir à Lima, en 1652.

Le volume est détaché de sa reliure ; piqûre de ver dans la marge des premiers et derniers ff.

62. SANDOVAL (R.). Arte de la lengua Mexicana, por el Br. en sagrada teologia D. Rafael Sandoval... *Mexico, Manuel Antonio Valdès*, 1810, in-8, bas. racine.

8 ff. prél. non ch. 62 pp. et 11 ff. non ch.

63. — Le même ouvrage, même édition, in-8, br.

Bel exemplaire NON ROGNÉ.

64. SAN JOSEPH (le P. de). ARTE Y REGLAS DE LA LENGUA TAGALA, por el Padre F. Fray Francisco de S. Joseph, de la Orden de S. Domingo, Pre-

dicador General en la Provincia de N. Señora del Rosario de las Islas Filipinas. *En el Partido de Bataan, por Thomas Pinpin, Tagalo*, 1610, in-4, vélin.

8 ff. prél. non ch. et 312 pp. ch. par erreur 311.

Edition originale, de la plus grande rareté. L'auteur, le P. Francisco de San Joseph Blancas, passa toute sa vie à convertir les Indiens. Ce fut lui qui introduisit l'imprimerie aux Philippines, et cet ouvrage doit être le premier sorti des presses qu'il fit établir dans le couvent des dominicains de Bataan.

Notules manuscrites ; le titre est légèrement fatigué.

65. Tapia Zenteno (C. de). Arte novissima de lengua Mexicana, que dicto D. Carlos de Tapia Zenteno... *Mexico, por la Viuda de D. Joseph Bernardo de Hogal*, 1753, in-4, vélin.

11 ff. prél. non ch. dont un tableau et 58 pp (Leclerc annonce à tort 5 ff. non ch. et le tableau). — Armoiries gravées sur cuivre par Antonio Moreno au second f. prél.

Ouvrage très rare.

C. de Tapia Zenteno, né à Mexico, fut très versé dans les langues mexicaines et huaxtèque. Il fut titulaire de la chaire de langue *nahuatl* à l'Université de Mexico, et fit imprimer cette grammaire à cette occasion.

66. Tapia Zenteno (C. de). — Le même ouvrage, même édition, in-4, vélin.

Légère mouillure aux premiers ff.

67. Tellechea (le P. F.-M.). Compendio gramatical para la intelligencia del idioma Tarahumar. Oraciones, Doctrina Christiana, Platicas, y

otras cosas necesarias para la recta administracion de los Santos Sacramentos en el mismo idióma, dispuesto por el P. Fr. Miguel Tellechea. *Mexico, Imprenta de la Federacion, en Palacio*, 1826, in-4, portr. gr. bas. racine.

Titre, portrait-frontispice de l'auteur gr. sur cuivre ; 6 ff. prél. non ch. dont un blanc ; 9, 102 et vi pp. : 2 ff. non ch. pour les erratas.

Cette grammaire est la seule qui existe sur le dialecte *Tarahumar*, parlé dans l'État de Chihuahua.

Bel exemplaire portant un ENVOI AUTOGRAPHE de l'auteur au *Ministro de Hacienda.*

68. TELLECHEA (le P. F.-M.). — Le même ouvrage, même édition, in-4,bas. marb. dos orné, fil.

Exemplaire avec envoi imprimé sur un f. de garde à Don José Maria VALDIVIELSO, dont Miguel Tellechea était le chapelain.

69. — Le même ouvrage, même édition, in-4, bas. racine.

70. TORRES RUBIO (le P. D. de). Arte de la lengua Aymara, compuesto por el Padre Diego de Torres Rubio de la Compañia de Jesus. *Lima, Francisco del Canto*, 1616, in-8, vélin.

2 ff. prél. non ch. 97 ff. ch. et 1 f. non ch.

Livre de toute rareté écrit par un professeur de Quichua et d'Aymara du collège des Jésuites de Chuquisaca. Les Aymaras étaient des Indiens de l'ancien Pérou, compris maintenant dans la Bolivie, les provinces nord-ouest de la République-Argentine et dans le Pérou du Sud.

Exemplaire fatigué avec le titre et le second des ff. prél. manuscrits. — Il est suivi d'un *Catecismo en la lengua española y aymara del Piru*, imprimé à *Séville*, en 1604, 1 f. pour le titre et 45 ff. ch. (?). — Ce dernier ouvrage a 8 ff. manuscrits et paraît incomplet d'un f.

71. Torres Rubio (le P. de). Arte y Vocabulario de la lengua Quichua general de los Indios de el Péru, que compuso el Padre Diego de Torres Rubio... y añadido el P. Juan de Figueredo. Ahora nuevamente corregido, y aumentado en machos (*sic*) vocablos, y varias advertencias, notas y observaciones, para la mejor inteligencia del ydioma... por un religioso de la misma Compañia. *Reimpresso en Lima, en la Imprenta de la Plazuela de San Christoval*, 1754, in-8, vélin.

6 ff. prél. non ch. 254 ff. ch. et 2 ff. non ch.

Edition la plus complète de cette célèbre grammaire. Elle renferme, outre le vocabulaire Quichua, un second vocabulaire en *Chainchaisuyu*, dialecte parlé par les Indiens des environs de Lima.

72. — Le même ouvrage, même édition, in-8, vélin.

73. Totanes (S. de). Arte de la lengua Tagala, y Manual Tagalog, para la administracion de los Santos Sacramentos, que de Orden de sus superiores, compuso Fray Sebastian de Totanes... *Impresso en la Imprenta del Convento de Nra. Señora de Lorento en el Pueblo de Sàpaloc, Extra-muros de la Ciudad de Manila*, 1745, 2 ouvrages en un vol. in-4, vélin.

14 ff. prél. non ch. 135 pp. et 2 ff. non ch. pour l'*Arte*

de la lengua Tagala. — 218 pp. et 2 ff. non ch. pour le *Manual Tagalog.*

Le meilleur ouvrage publié pour l'étude de la langue *tagale* (dialecte des îles Philippines) et qui a été très souvent réimprimé.

Très bel exemplaire de l'ÉDITION ORIGINALE de ce livre extrêmement rare.

74. VETANCURT (le P. A. de). Arte de lengua Mexicana, dispuesto por orden, y mendato de N. R^mo^ P. Fr. Francisco Treviño... por el P. Fr. Augustin de Vetancurt... *Mexico, por Francisco Rodriguez Lupercio,* 1673, in-4, vélin.

Titre avec vignette sur bois ; 5 ff. prél. non ch. ; 49 ff. ch. de texte, 8 ff. non ch. pour le catéchisme, les instructions, etc.

Une des grammaires mexicaines les plus estimées et les plus rares. L'auteur, Augustin de Béthencourt, était un des descendants du célèbre Jean de Béthencourt ; il passa presque toute sa vie au milieu des Indiens.

Bel exemplaire sans taches ni piqûres et avec témoins ; fort rare à rencontrer en pareille condition.

75. — Le même ouvrage, même édition, in-4, vélin.

Piqûres de vers dans la marge intérieure du volume.

76. YEPES (le P. F.-J. Lopez). Catecismo y declaracion de la doctrina en lengua Otomi ; con un vocabulario del mismo idioma, compuesto por el R. P. Fr. Joaquin Lopez Yepes. *Megico* (sic), *Alejandro Valdès,* 1826, in-4, br. rog.

254 pp. et 1 f. non ch.

Catéchisme otomi-espagnol, composé par un Mexicain, membre du collège des Franciscains de Pachuca. Le vocabulaire qui le suit est encore le plus complet qui ait été publié pour l'étude de l'Otomi, une des langues les plus répandues de la république mexicaine.

77. Yepes (le P. F.-J. Lopez). — Le même ouvrage, même édition, in-4, br. rog.

HISTOIRE DE L'AMÉRIQUE ET PLUS PARTICULIÈREMENT DU MEXIQUE.

78. Acosta (le P. J. de). Historia natural y moral de las Indias, en que se tratan las cosas notables del cielo, y elementos, metales, plantas, y animales dellas : y los ritos, y ceremonias, leyes, y govierno, y guerras de los Indios, compuesta por el Padre Joseph de Acosta... *Madrid, Alonso Martin*, 1608, in-4, vélin.

535 pp. et 21 ff. non ch. pour la table.

Cet ouvrage, composé en partie en Amérique, est un des livres les plus intéressants publiés par les premiers écrivains espagnols sur les Indes. — Le P. Joseph de Acosta professa d'abord la théologie à Ocaña ; il passa ensuite au Pérou où il fut le second provincial ; il y demeura 16 ans et mourut recteur à Salamanque en 1600. Son ouvrage sur les Indes eut un immense succès, et fut traduit dans presque toutes les langues de l'Europe.

Trous de vers à la fin du volume.

79. Archives de la Commission scientifique du Mexique, publiées sous les auspices du Ministère de l'Instruction publique. *Paris, Impr.*

Impériale, 1865-67, 2 tomes en 7 livraisons in-8, pl. et cartes, br.

Tomes II et III.

La troisième livraison du tome II et le tome III entier sont en double.

80. Aubin (J.-M.). Mémoire sur la peinture didactique et l'écriture figurative des anciens Mexicains, par J.-M. Aubin. *Paris, Paul Dupont*, 1849, in-8 de 128 pp. vignettes, demi-rel. chag. La Vall. dos orné.

Précieux exemplaire formé d'épreuves couvertes de corrections et additions AUTOGRAPHES de l'auteur.

Il provient des collections Brasseur de Bourbourg et Alph. Pinart.

Voir les nos 29, 157 et 160.

81. Barcia (D. Andres Gonzalez). Historiadores primitivos de las Indias Occidentales. *Madrid*, 1749. — Réunion de 7 pièces en 1 vol. in-fol. demi-rel. v. ant. marb. avec coins, dos orné.

Historia de D. Christoval Colò... escrita por su hijo Don Fernando Colon. — Relacion de las Indias, de Gonzalo Fernandez de Oviedo. — Examen apologetico de los naufragios, peregrinaciones, y milagros de Alvar Nuñez Cabeza de Baca, en las tierras de la Florida. — Naufragios de Alvar Nuñez Cabeza de Baca. — Historia del descubrimiento del Rio de la Plata, y Paraguay, por Ulderico Schimidèl. — Historia general de las Indias... por Francisco Lopez de Gomàra. — Chronica de la Nueva-España, por el mismo.

Ce volume forme un extrait de la collection complète de ces historiens, dont les œuvres furent publiées séparément et ne furent réunies qu'après la mort de Gonzalez Barcia. Il renferme plusieurs pièces du tome I, la totalité du tome II et une pièce du tome III.

82. Beristain y Souza (J.-M.) Biblioteca Hispano-Americana Setentrional, por el Doctor D. Jose Mariano Beristain y Souza. Secunda edicion; publicala el presbitero Br. Fortino Hipolito Vera. *Amecameca, Tipografia del Colegio Catolico,* 1883, 3 vol. pet. in 4, demi-rel. mar. bleu, tête dor. ébarbé.

Important ouvrage renfermant des notices sur 3,687 écrivains appartenant presque tous à quelque ordre religieux. Cette édition est la dernière parue.

Bel exemplaire.

83. Boban (Eugène). Documents pour servir à l'histoire du Mexique. Catalogue raisonné de la collection de M. Eugène Goupil (ancienne collection J.-M.-A. Aubin). Manuscrits figuratifs et autres, sur papier indigène d'agave mexicana et sur papier européen, antérieurs et postérieurs à la conquête du Mexique (XVIe siècle). Texte avec une introduction de M. Eugène Goupil et une lettre préface de M. Auguste Génin. *Paris, Leroux,* 1891, 2 vol. gr. in-4 de texte avec 2 portr. br. et un atlas in-fol. obl de 80 pl. en phototypie, en feuilles dans un carton perc. grenat.

Très belle publication accompagnée d'un magnifique album renfermant 80 reproductions de dessins et peintures extraits de manuscrits mexicains. — *Voir le n° 158.*

84. Boban (Eugène). — Table analytique générale des matières contenues dans les deux volumes des Documents pour servir à l'histoire du Mexique. Catalogue raisonné de la collection de M. Eugène Goupil (ancienne collection J.-M.-A. Aubin)... *Paris Leroux*, 1891, gr. in-4 de 61 pp. à 2 col. br.

85. Boturini Benaducci (L.). Idea de una nueva Historia general de la America Septentrional, fundada sobre material copioso de figuras, symbolos, caractères, y geroglificos, cantares, y manuscritos de autores Indios, ultimamente descubiertos... por el cavallero Lorenzo Boturini Benaduci... *Madrid, Juan de Zuñiga*, 1746, in 4, front. et portr. gr. vélin.

22 ff. prél. non ch. dont le frontispice et le portrait de l'auteur, tous deux gravés sur cuivre par Mathias de Irala, 167 pp. 4 ff. non ch. et 96 pp.

Ouvrage devenu très rare, la plupart de ses exemplaires ayant été expédiés en Amérique. Il renferme, outre l'ouvrage dont le titre est cité ci-dessus, le *Catalogo del Museo Historico Indiano del cavallero Lorenzo Boturini Benaduci*, rempli de documents curieux, fruits de huit années de recherches assidues dans tous les monastères de Mexico, et dont la plus grande partie n'existe plus.

Très bel exemplaire.

86. — Le même ouvrage, même édition, in-4, front et portr. gr. vélin.

87. Boturini Benaducci (L.). — Le même ouvrage, même édition, in-4.

Le frontispice manque. — Mouillure.

88. — Tezcoco en los ultimos tiempos de sus antiguos reyes, ó sea Relacion tomada de los manuscritos ineditos de Boturini ; redactados por el Lic. D. Mariano Veytia, publicalos con notas y adiciones para estudio de la juventud Mexicana, Carlos Maria de Bustamante. *Mexico, Mariano Galvan Rivera*, 1826, in-4, br.

4 ff. prél. non ch. 276 pp. et 4 ff. non ch. de table. Exemplaire non rogné.

89. Brasseur de Bourbourg (l'abbé). Bibliothèque Mexico-Guatémalienne, précédée d'un coup d'œil sur les études américaines dans leur rapports avec les études classiques et suivie du tableau, par ordre alphabétique, des ouvrages de linguistique américaine contenus dans le même volume, rédigée et mise en ordre par M. Brasseur de Bourbourg. *Paris, Maisonneuve*, 1871, in-8, br.

Bibliographie des ouvrages imprimés ou manuscrits relatifs à l'histoire et à la linguistique de l'Amérique Centrale ; chaque ouvrage est décrit avec le plus grand soin et suivi d'une biographie de l'auteur. — Rare.

90. — Histoire des Nations civilisées du Mexique et de l'Amérique centrale, durant les siècles antérieurs à Christophe Colomb, écrite sur des documents originaux et entièrement

inédits, puisés aux anciennes archives des indigènes, par M. l'abbé Brasseur de Bourbourg. *Paris, Arthus Bertrand*, 1857-59, 4 vol. gr. in-8, carte et fig. hiéroglyphiques, br.

Intéressant ouvrage, renfermant l'histoire du Mexique, depuis les temps héroïques et l'empire des Toltèques jusqu'à la disparition de la race indigène, à la fin du XVIe siècle.

ENVOI AUTOGRAPHE de l'auteur à M. AUBIN.

91. BRASSEUR DE BOURBOURG (l'abbé). — Opuscules sur l'Amérique. — Réunion de 3 brochures in-4.

Cartas para servir de introduccion à la Historia primitiva de las Naciones civilizadas de la America Setentrional. *Mexico*, 1851, 75 pp. texte français et espagnol. — Sommaire des Voyages scientifiques et des travaux de géographie, d'histoire, d'archéologie et de philologie américaines, publiés par M. l'abbé Brasseur de Bourbourg. *Saint-Cloud*, 1862, 14 pp. — Commission scientifique du Mexique. Esquisses d'histoire, d'archéologie, d'ethnographie et de linguistique pouvant servir d'instructions générales, rédigées par l'abbé Brasseur de Bourbourg. *Paris*, 1864, 43 pp.

92. — Quatre Lettres sur le Mexique. Exposition absolue du système hiéroglyphique mexicain. La fin de l'âge de pierre. Epoque glaciaire temporaire, commencement de l'âge de bronze. Origines de la civilisation et des religions de l'antiquité, d'après le Teo-Amoxtli et autres documents mexicains, par M. Brasseur de Bourbourg. *Paris, Durand et Pedone*, 1868, gr. in-8, fig. br.

ENVOI AUTOGRAPHE de l'auteur à M. AUBIN.

93. Brasseur de Bourbourg. Recherches sur les ruines de Palenqué et sur les origines de la civilisation du Mexique, par M. l'abbé Brasseur de Bourbourg. *Paris, Arthus Bertrand, s. d.* (1860), gr. in-4, br.

On y a joint l'album des *Monuments anciens du Mexique et du Yucatan, Palenqué, Ococingo et autres ruines de l'ancienne civilisation du Mexique.* Paris, Arthus Bertrand, s. d. gr. in-fol. de 47 pl. (sur 56) en lithographie teintée, d'après les dessins de M. de Waldeck, en feuilles.

94. — Voyage sur l'Isthme de Tehuantepec, dans l'Etat de Chiapas et la République de Guatémala, exécuté dans les années 1859 et 1860, par M. l'abbé Brasseur de Bourbourg. *Paris, Arthus Bertrand,* 1861, in-8, br.

Exemplaire sur papier vélin fort.
Envoi autographe de l'auteur à M. Aubin.

95. Cavo (le P. A.) Los Tres Siglos de Mexico durante el gobierno Español, hasta la entrada del ejercito trigarante, obra escrita en Roma por el Padre Andres Cavo, de la Compañia de Jesus, publicala con notas y suplemento, el Lic. Carlos Maria de Bustamante. *Mexico, Alejandro Valdès,* 1836-38, 4 vol. in-4, br.

Tome I : 5 ff. prél. non ch. 281 pp. et 1 f. blanc. — Tome II : 1 f. prél. non ch. et 158 pp. — Tome III : 1 f. prél. non ch. vii-419 pp. et 1 f. blanc. — Tome IV : 1 f. prél. non ch. viii-281 pp.
Exemplaire non rogné.

96. Colleccion general de Documentos, tocantes à la persecucion, que los regulares de la Compañia suscitaron y siguieron tenàzmente por medio de sus jueces conservadores, y ganando algunos ministros seculares desde 1644 hasta 1660 contra D. Bernardino de Cardenas... obispo del Paraguay. *Madrid, Imprenta Real de la Gaceta*, 1768-70, 4 vol. in-4, vélin.

Collection extrêmement importante pour l'histoire du Paraguay. On trouvera dans la *Bibliotheca Americana* de Leclerc (nº 1883), le détail des nombreuses pièces qu'elle renferme.

Les quatre volumes sont de hauteur inégale.

97. — Le même ouvrage. *Madrid, Imprenta Real*, 1768, in-4, vélin.

Tome I, contenant les pièces suivantes: *Prologo. — Memorial y defensario... del Fr. Bernadiño de Cardenas. — Memorial de P. Julian de Pedraza. — Discurso de la vida, meritos y trabajos del ilustrisimo senor obispo del Paraguay... por Fr. Juan de S. Diego Villalõn.*

Ce tome est d'un autre tirage que celui du premier volume de la collection précédente (2 ff. non ch. lvii pp. 1 f. non ch. et 387 pp.). Ce nouveau tirage, sortant des mêmes presses, se compose de 2 ff. prél. non ch 50 pp. 1 f. non ch. 502 pp. et 1 f. blanc

98. EGUIARA ET EGUREN (J.-J. de). Bibliotheca Mexicana, sive eruditorum historia virorum qui in America Boreali nati, vel alibi geniti, in ipsam domicilio aut studijs asciti, quavis linguâ scripto aliquid tradiderunt... authore D.

Joanne Josepho de Eguiara et Eguren... *Mexici, ex novâ Typographiâ, in ædibus authoris*, 1755 in-fol. vélin.

78 ff. prél. non ch. et 543 pp. à 2 col.

Ouvrage très important, d'une rareté excessive, dont il n'a paru que le premier volume, renfermant les lettres A, B, C.

Juan de Eguiara, né à Mexico, fut nommé évêque de Yucatan en 1751. Il donna sa démission pour se livrer à ses études littéraires et mourut en 1763 avant l'impression entière de son ouvrage.

Bel exemplaire.

99. Escudero (J.-A. de) Noticias estadisticas del Estado de Chihuahua, por J.-A. de Escudero. *Mexico, Juan Ojeda*, 1834, in-4, br.

260 pp. ch. par erreur 160.

Volume renfermant de précieux renseignements sur les Indiens de l'Etat de Chihuahua, faisant partie de l'ancienne province de la Nouvelle Biscaye.

100. Frejes (F.). Historia breve de la conquista de los estados independientes del Imperio Mejicano, escrita por Fr. Frejes, cronista del Colegio de Nuestra Señora de Guadalupe de Zacatecas. *S. l. (Mexico), Imprenta a cargo de Aniceto Villagrana*, 1838, in-4, en feuilles.

vi-166 pp. 1 f. non ch. de table.

Exemplaire non rogné.

101. — Le même ouvrage, même édition, in-4, en feuilles.

Exemplaire non coupé.

102. Garcilaso de la Vega : Primera parte de los commentarios reales que tratan de el origen de los Incas Reies, que fueron del Peru, du su idolatria, leies, y govierno en paz, y en guerra... *Madrid*, 1723, v. ant. rac. dos orné. — Historia general del Peru, trata, el descubrimiento, de el, y como lo ganeron, los Españoles : las guerras civiles, que huvo entre Pizarros, y Almagros sobre la partija de la tierra... *Madrid*, 1722, vélin. — Ens. 2 vol. in-fol.

Ces deux volumes ne formant en réalité qu'un seul ouvrage se trouvent assez rarement réunis.

103. — Primere parte de los Commentarios reales, que tratan de el origen des los Incas Reies, que fueron del Peru, de su idolatria, leies, y govierno en paz, y en guerra... Segunda impresion, enmendada y añadida la vida de Inti Cusi Titu Jupanqui, penultimo Inca. *Madrid*, 1723. — Historia general del Peru, trata, el descubrimiento, de el y como lo ganaron, los Españoles : las guerras civiles, que huvo entre Pizarros, y Almagros sobre la partija de la tierra... Segunda impresion. *Madrid*. 1722. — La Florida del'Inca. Historia del Adelantado Hernando de Soto governador, y capitan general del reino de la Florida. Y de otros heroicos caballeros Españoles, e Indios. *Madrid*, 1723. – Ensayo chronologico, para la Historia general de la Florida, contiene los descubrimientos y princi-

pales sucesos, acaecidos en este Gran Reino, à los Españoles, Franceses, Suecos... y otras naciones entre si y con los Indios... y los Viages de algunos capitanes, y pilotos, por el mar de el Norte, à buscar paso à Oriente, ò union de aquella tierra con Asia desde el año de 1512 que descubrio la Florida, Juan Ponce de Leon, hasta el de 1722, escrito por Don Gabriel de Cardenas (Ant. Gonz. Barcia). *Madrid*, 1723. — Ens. 4 vol. in-fol. vélin.

Bon exemplaire de cette édition donnée par le savant Barcia et très rare de trouver aussi complète.

Trou de ver dans la marge extérieure de quelques ff. du tome II.

104. Garcilaso de la Vega. Le Commentaire Royal, ou l'Histoire des Yncas, Roys du Pérou, contenant leur origine, depuis le premier Ynca Manco Copac, leur établissement, leur idolatrie, leurs sacrifices... escritte en langue péruvienne, par l'Ynca Garcillaso de la Vega... et fidellement traduitte sur la version espagnolle, par J. Baudoin. *Paris, Augustin Courbé*, 1633, fort vol. in-4 de plus de 1,300 pp. front. gr. bas. ant. dos orné.

Edition originale de la traduction française de ce célèbre ouvrage. Elle est ornée d'un frontispice gravé sur cuivre par Michel Lasne.

Raccommodage dans la marge extérieure du titre; le frontispice et le dernier f. sont doublés.

105. Garcilasso de la Vega. Histoire des guerres civiles des Espagnols dans les Indes, entre les Piçarres et les Almagres qui les avaient conquises. Traduite de l'espagnol de l'Ynca Garcillasso de La Vega, par J. Baudoin. *Amsterdam, Kuyper*, 1760, 2 tomes en 4 vol. in-12, front. cartes et pl. gr. et pliées, v. ant. marb.

106. Gomara (Lopez de). Historia general de las Indias, con todo el descubrimiento y cosas notables que han acaescido dende que se ganaron hasta el año de 1551,con la Cronica de la Nueva España y la Conquista de Mexico, hechas par Hernando Cortes. *Saragoça, Pedro Bernuz y Agustin Millan*, 1554 (?) 2 parties en un vol. in-fol. goth. armes impériales gr. sur bois, vélin.

Edition rarissime, sans doute la troisième de cette célèbre histoire. Elle est ornée de nombreuses et très jolies figures sur bois dans la première partie.

Exemplaire incomplet des 44 premiers ff. et des ff. 56 et 79 de la première partie, qui doit se composer de 99 ff. — La seconde partie est incomplète des ff. 8, 9, 22 à 26, 31 à 33, 37, 39 à 42, 48 à 50, 56, 57, 74, 99 et 106 ; elle s'arrête au f. 109.

Mouillure ; raccommodages ; transposition.

107. — La Historia general de las Indias y todo lo acaescido en ellas dendeque se ganaron hasta agora y la Conquistade Mexico, y de la Nueva-España (por Fr. Lopez de Gomara).

Anvers, Martin Nucio, 1554, pet. in-8 de 300 ff. vélin.

Première partie de cette très rare relation.
Piqûre de ver ; mouillure.

108. Granados y Galvez (le P. J.-J.). Tardes Americanas : gobierno gentil y católico : breve y particular noticia de toda la historia Indiana : Sucesos, casos notables, y cosas ignoradas, desde la entrada de la Gran Nacion Tulteca a esta tierra de Anahuac, hasta los presentes tiempos. Trabajadas por un Indio y un Español ; sacalas a luz el M. R. P. Fr. Joseph Joaquim Granados y Galvez, predicator general de Jure... *Mexico, Zuñiga y Ontiveros*, 1778, in-4, vélin.

36 ff. prél. non ch. et 540 pp. – 3 pl. sur cuivre.

Cette intéressante histoire de l'ancien Mexique, composée en forme de dialogues et divisée en dix-sept nuits, est fort rare, même au Mexique. L'auteur, Granados y Galvez, était *ex-définiteur* de la province de Michoacan, *gardien* des couvents de Xiquilpan, Valladolid, Rioverde, et *custode* de toutes les missions mexicaines.

Entr'autres sujets curieux dont il est parlé dans ce volume, Leclerc cite, dans sa *Bibliotheca americana*, l'article relatif au calendrier mexicain, avec le nom des jours en mexicain et en espagnol ; les noms en mexicain des rois de l'empire de Tezcuco, et un fragment en mexicain et en espagnol d'une pièce de vers composée par le roi Notzahualcoyotl.

Bel exemplaire.

109. Gumilla (le P. J.) El Orinoco ilustrado, y defendido, historia natural, civil, y geographica de este gran Rio y de sus caudalosas vertientes ; govierno, usos, y costumbres de los Indios sus habitadores, con nuevas, y utiles noticias de animales, arboles, frutos... escrita por el Padre Joseph Gumilla... segunda impression, revista, y aumentada por su mismo autor, y dividida en dos partes *Madrid, Manuel Fernandez*, 1745, 2 vol. in-4, 2 pl. sur cuivre, vélin.

Seconde édition, la plus complète et la plus recherchée, de cet ouvrage des plus précieux pour la multitude de renseignements qu'il renferme sur les contrées arrosées par l'Orénoque.

Le premier volume renferme la description géographique du cours de ce fleuve et des remarques sur les mœurs et les usages des tribus indiennes établies sur ses bords. — Le second renferme la partie d'histoire naturelle.

110. Hernandez (F.). Rerum medicarum Novæ Hispaniæ Thesaurus, seu plantarum, animalium, mineralium mexicanorum Historia ex Francisci Hernandez...relationibus in ipsa Mexicana urbe conscriptis... *Romæ, Mascardi*, 1651, 2 parties en 1 vol. in fol. titre-front. gr. et fig. vélin.

Ouvrage recherché dont l'auteur, médecin et naturaliste distingué, fut envoyé par Philippe II dans la Nouvelle-Espagne pour y faire des observations et en décrire les productions naturelles. Il est orné de nombreuses figures sur bois accompagnées de légendes en latin et en mexicain.

Mouillure; frontispice fatigué ; piqûres de vers dans les marges de plusieurs ff.

111. Hernandez (F.). Francisci Hernandi, medici atque historici Philippi II... et totius Novi Orbis archiatri, opera, cum edita, tum inedita, ad autographi fidem et integritatem expressa impensaetjussuregio. *Matriti, ex Typogr. Ibarræ heredum*, 1790, 3 vol. in-4, v. ant. jaspé, fil. tr. marb.

Belle édition, publiée par J.-B. Muñoz Casimire Ortega ; elle est augmentée de pièces jusqu'alors inédites et sauvées de l'incendie du palais de l'Escurial en 1671.

On trouve dans cet ouvrage toute la série descriptive des plantes du Mexique, recueillies par Hernandez, avec leurs vertus spéciales, d'après les instructions des indigènes.

112. HERRERA (A. de). Historia general de los hechos de los Castellanos en la Islas i Tierra-firme del Mar Oceano, (desde el año de 1492 hasta el de 1554), escrita por Antonio de Herrera... *Madrid, Imprenta Real*, 1726-30, 9 parties en 4 vol. in-fol. 9 titres-front. gr. et 14 cartes gr. et pliées, vélin.

Seconde édition, la plus complète, très recherchée à cause des notes d'Ant. Gonzalez Barcia dont elle est enrichie.

113. Histoire de l'Amérique et plus particulière-

ment du Mexique. — Réunion de 18 vol in-12 et in-8 dont 6 br. et 12 rel.

Joseph de Acosta. Historia de las Indias ; 1792, 2 vol. — Burriel. Histoire de la Californie ; 1767, 3 vol. — J. Long. Voyages chez différentes nations sauvages de l'Amérique septentrionale ; 1794. — Baron de Lahontan. Nouveaux voyages dans l'Amérique septentrionale, 2 tomes en 1 vol. — Diaz del Castillo. Historia de la conquista de la Nueva España ; 1837, 4 vol. (déchirure). — Beulloch. Voyage au Mexique ; 1831, 2 vol. cartes. — Reconnaissances in New Mexico and Texas ; 1850. — Etc., etc.

114. Humboldt (Alexandre de). Examen critique de l'histoire de la géographie du Nouveau Continent et des progrès de l'Astronomie nautique aux XVe et XVIe siècles, 5 vol. — Essai politique sur le royaume de la Nouvelle-Espagne. Deuxième édition, 4 vol. *Paris*, 1825-39. — Ens. 9 vol. in 8, pl. et carte gr. br.

115. Icazbalceta (J.-G.) Bibliografia Mexicana del siglo XVI. Primera parte. Catálogo razonado de libros impresos en México de 1539 à 1600. Con biografias de autores y otras ilustraciones. Procedido de una noticia acerca de la introduccion de la imprenta en México. Por Joaquin Garcia Icazbalceta. *Mexico, Andrade y Morales*, 1886, gr. in-4, pap. vergé, nombreux fac-similés en r. et noir, br.

Excellente bibliographie, tirée seulement à 350 exemplaires.

116. Ixtlilxuchitl (F. de Alva). Compendiosa y original Historia de todos los antiguos pobladores del valle de Mexico, escrita por Don Fernando Ixtlilxuchitl, descendiente de los Reyes de Tezcuco, sacada de las pinturas y cantos antiguos con la interpretacion de los mismos autores que la formaron. — In-fol. de 18 ff. non rel.

Copie manuscrite, commencée au siècle dernier et terminée au commencement de notre siècle, de documents fort curieux et restés inédits.

117. Relaciones historicas de Don Fernádo de Alva Ixtlilxuchitl.— In-fol. de 296 ff. non rel.

Manuscrit d'une très bonne écriture, daté de 1755, copié sur l'original alors dans la bibliothèque du Secrétariat d'État de la Nouvelle Espagne. Il renferme une très intéressante histoire des Toltèques, les premiers habitants du Mexique, l'histoire de l'empire des Chichimèques jusqu'au règne de l'empereur Nezahualcoyotl, la conquête de ce royaume par les Espagnols et le voyage de Fernand Cortès dans le Honduras. Les documents ayant servi à composer ces relations avaient appartenu à Lorenzo Boturini Benaduci, et cette copie renferme des notes de cet historien et de Don Carlos Siguenza y Gongora.

118. — Horribles crueldades de los conquistadores de Mexico y de los Indios que los auxiliaron, para subyugarlo a la corona de Castilla. O sea Memoria escrita por D. Fernando de Alva por

Ixtlilxuchitl, publicala por suplemento á la historia del Padre Sahagun, Carlos Maria de Bustamante. *Mexico, Alejandro Valdès,* 1829, in-4, br.

1 f. pour le titre, xii et 118 pp.

Un des plus curieux documents publiés sur la conquête du Mexique ; l'auteur descendait en ligne directe des rois de Acolhuacan.

Bel exemplaire NON ROGNÉ.

119. LA VEGA (le P. M.). Historia del descubrimiento de la América Septentrional por Cristobal Colon, escrita por el R. P. Fr. Manuel de la Vega... dala a luz con varias notas para mayor inteligencia de la historia de las conquistas de Hernan Cortès que puso en mexicano Chimalpain, y para instruccion de la juventud Mexicana, Carlos Maria de Bustamante. *Mexico, Ontiveros,* 1826, in-4, br.

6 ff. prél. non ch. et 237 pp.

Manuel de la Vega était un père franciscain de la province du Saint Évangile de Mexico.

120. LEJARZA (J. J.-M. de). Analisis estadistico de la Provincia de Michuacan, en 1822, por J. J.-L. (Juan José Martinez de Lejarza). *Mexico, Imprenta Nacional,* 1824, in-4, demi-rel. mar. vert à long grain.

2 ff. prél. non ch. ; ix et 281 pp. ; 9 tableaux pliés.

121. Leon y Gama (A. de). Descripcion historica y chronologica de las dos piedras que con ocasion del nuevo empedrado que se esta formando en la plaza principal de Mexico, se hallaron en ella el año de 1790. Explicase el sistema de los Calendarios de los Indios, el metodo que tenian de dividir el tempio, y la correccion que hacian de el para igualar el año civil, de que usaban, con el año solar tropico. Noticia muy necesaria para la perfecta inteligencia de la segunda piedra : a que se añaden otras curiosas é instructivas sobre la Mitologia de los Mexicancs, sobre su Astronomia, y sobre los ritos y ceremonias que acostumbraban en tiempo de su gentilidad, por don Antonio de Leon y Gama. *Mexico, F. de Zúñiga y Ontiveros*, 1792, in-4, pl. gr. et pliées, bas. racine.

3 ff. prél. non ch. 116 pp. 1 f. non ch. et 3 pl. dessinées et gravées à l'eau-forte par Fr. Aguera.

Édition originale, rare, d'un ouvrage fort curieux pour l'archéologie mexicaine.

122. — Le même ouvrage... Dala a luz con notas, biografía de su autor y aumentada con la segunda parte que estaba inedita, y bajo la proteccion del gobierno general de la union : Carlos Maria de Bustamante. Secunda edicion.

Mexico, Alejandro Valdès, 1832, 2 parties en 1 vol. in-4, pl. gr. cart.

1 f. pour le titre, viii, 114 et 148 pp. 5 pl. gr.

Seconde édition augmentée de notes et d'une nouvelle partie restée jusqu'alors inédite.

Exemplaire NON ROGNÉ, auquel on a ajouté une planche lithographiée, ayant rapport au sujet traité.

123. LEON Y GAMA (A. DE). — Le même ouvrage, même édition, in 4, 5 pl. gr. br.

Exemplaire NON COUPÉ.

124. LORENZANA (F.-A.). Historia de Nueva-España, escrita por su escla recido conquistador Hernan Cortes, aumentada con otros documentos, y notas, por Don Francisco Antonio Lorenzana, Arzobispo de Mexico. *Mexico, Antonio de Hogal*, 1770, in-fol. front. plan, carte et pl. gr. vélin.

11 ff. prél. non ch. dont un frontispice ; xvi et 400 pp. ; 9 ff. non ch. de table ; plan du grand temple de Mexico et 32 planches gravées sur cuivre, par un artiste mexicain nommé Navarro.

Ouvrage extrêmement important, contenant de précieux documents sur l'histoire de la conquête du Mexique, et dans lequel sont réimprimées les trois célèbres lettres de Fernand Cortès.

Bel exemplaire.

125. MARQUEZ (P.). Due Antichi Monumenti di architectura Messicana, illustrati da D. Pietro Marquez... *Roma, Salomonie* 1804, in-8 tiré

in-4, iv-47 pp. de texte, titre-front. et 4 pl. gr. demi-rel. cuir de Russie, dos orné.

Dissertation sur le temple de Xochicalo et sur celui de Papantla au Mexique.

Exemplaire tiré sur GRAND PAPIER DE HOLLANDE de format in-4.

126. MÉLANGES sur l'Amérique. Travaux de MM. Heger, Jomard, Lafond de Lurcy, Le Bret, Leclerc, G. de Los Reyes, Rink, L. de Rosny, Squier, Virlet d'Aoust, etc. — Réunion de 5 vol. et 25 brochures in-8 et in-4, fig. pl. et cartes.

127. MENDIETA (G. de). Historia ecclesiastica Indiana, obra escrita a fines del siglo XVI por Fray Geronimo de Mendieta. *México*, 1870, fort vol. gr. in-8 de 790 pp. br.

Publication très importante, faite par les soins de Joaquin Garcia Icazbalceta, d'après le manuscrit original inédit. C'est une histoire de la Nouvelle-Espagne et de l'ordre de saint François dans cette province, où l'auteur vécut environ cinquante ans.

128. MOLINA (J.-I.). Compendio de la Historia geografica, natural y civil de Chile, escrito en italiano por el abate Don Juan Ignacio Molina, traducida en español por Don Domingo de Arquellada Mendoza... *Madrid, D. Antonio de Sancha*, 1788-95, 2 vol. in-4, portr. et cartes gr. bas. ant. rac. dos orné.

Le second volume de cet ouvrage, traduit par Don

Nicolas de la Cruz y Bahamonde, renferme sous le titre de *Idea de la lengua Chilena*, un abrégé grammatical et un petit dictionnaire araucan. Il se termine par un catalogue des écrivains du Chili.

Piqûre de ver aux premiers ff. du tome I.

129. Muñoz (J.-B.). Historia del Nuevo-Mundo, escribiala D. Juan Baut. Muñoz. *En Madrid, por la Viuda de Ibarra*, 1793, in-4, portr. et carte, v. ant. jaspé.

Tome I, seul publié, de cet ouvrage composé sur des documents originaux et inconnus jusqu'alors, et qui, s'il avait été terminé, eût été la plus complète des histoires du Nouveau Monde que nous possédons.

Ce volume, qui s'arrête à l'année 1500, est orné d'un très joli portrait de Christophe Colomb, gravé par Fernando Selma, d'après Mariano Maella.

130. Nuñez de La Vega (F.). Constituciones Diœcesanas del Obispado de Chiappa, hechas y ordenadas por su Señoria Illustriss. el Señor Maestro D. Fr. Francisco Nuñez de la Vega... año de MDCXCII. *Roma, Caietano Zenobi*, 1702, 2 parties en 1 vol. in-fol. vélin.

Ouvrage fort intéressant renfermant l'ancienne histoire du pays de Chiapas, de précieux détails relatifs au mythe de Votan et à la secte idolâtre du Nagualisme, etc. — L'auteur, né à Carthagène des Indes, administra pendant vingt ans l'évêché de Chiapas (Mexique), où il mourut en 1703.

Deux trous de clous aux premiers ff.

131. Ortiz (T.). México considerado como Nacion independiente y libre, o sean algunas indica-

ciones sobre los deberes mas esenciales de los Mexicanos, por Tadeo Ortiz. *Burdeos, Carlos Lawalle Sobrino*, 1832, in-8, br.

132. Perez de Ribas (le P.-A.). Historia de los Triumphos de nuestra Santa Fee entre gentes las mas barbaras y fieras del Nuevo Orbe : conseguidos por los soldados de la milicia de la Compañia de Jesus en las Missiones de la Provincia de Nueva-España ; refierense asi mismo las costumbres, ritos, y supersticiones que usavan estas gentes... escrita por el Padre Andres Perez de Ribas. *Madrid, por Alõso de Paredes*, 1645, in-fol. à 2 col. bas. ant. granit, dos orné.

Ouvrage rare se rapportant principalement à Cinaloa, chef-lieu de la province du même nom, dans le Mexique.

133. PINELO (A. de Leon). Epitome de la Bibliotheca Oriental y Occidental, nautica y geografica, de Don Antonio de Leon Pinelo.... añadido, y emmendado nuevamente, en que se contienen los escritores de las Indias Orientales y Occidentales, y reinos convecinos : China, Tartaria, Japon, Persia, Armenia, Etiopia, y otras partes... *Madrid, Francisco Martinez Abad*, 1737-38, 3 vol. in-fol. à 2 col. vélin.

Seconde édition, très rare et la plus recherchée, de cet ouvrage, extrêmement important pour la bibliographie américaine et pour celle de l'Asie et de l'Afrique. Elle a été publiée par Don Gonzalez de Barcia, qui l'a considérablement augmentée et enrichie de nombreuses notes.

Bel exemplaire.

134. PINELO (A. de Leon). — Le même ouvrage, même édition, 3 tomes en 1 fort vol. in-fol. v. ant. marb. dos ornó.

135. REGISTRO trimestre, o Coleccion de Memorias de historia, litteratura, ciencias y artes, por una Sociedad de literatos. *Mexico, José Ximeno*, 1832, 1 tome en 4 fascicules in-8, planche lithog. br.

Tome I.

136. SAHAGUN (le P.-B. de). Historia de la conquista de Mexico, escrita por el R.-P.-Fr. Bernardino Sahagun... publicala por separado de sus demas obras, Carlos Maria de Bustamante. *Mexico, Imprenta de Galvan a cargo de Mariano Arévalo*, 1829, in-4, br.

viii pp. prél. et 60 pp.

Exemplaire NON COUPÉ.

137. SAHAGUN (le P. B. de). — Historia general de las cosas de Nueva España, que en doce libros y dos volumenes escribio, el R.-P.-Fr. Bernardino de Sahagun... dala a luz con notas y suplementos Carlos Maria de Bustamante... *Mexico, Alejandro Valdès*, 1829-1830, 3 vol. in-4, planche gr. br.

Tome I : 3 ff. prél. non ch. xx, 1 à 277, xxxi 279-

350 pp. 4 ff. non ch. 1 pl. gr. sur cuivre et pliée. — Tome II ; 3 ff. prél. non ch. 397, xlvi pp. et 5 ff. non ch. — Tome III : 2 ff. prél. non ch. 339 pp. et 2 ff. non ch.

Première édition, publiée d'après le manuscrit de la bibliothèque des Franciscains de Tolosa, d'un des plus précieux écrits pour l'histoire de la conquête mexicaine. Son auteur, le P. Sahagun, passa soixante et un ans de sa vie au Mexique, toujours travaillant et enseignant aux enfants à lire et à écrire ; il passe pour le religieux parlant le mieux le mexicain.

Exemplaire non rogné.

138. Siguenza y Gongora (C. de). Oriental planeta. Evangelico epopeya, sacro-panegyrica, al apostol grande de las Indias, S. Francisco Xavier ; escriviola el Dr. Carlos de Siguenza y Gongora... *Mexico*, 1700, in-4, br.

6 ff. prél. non ch. et 24 pp.

Forte déchirure enlevant du texte aux 3 premiers ff. prél. — Raccommodage dans la marge extérieure du volume.

139. — Panegyrico con que la muy noble Imperial ciudad de Mexico, applaudio al Excelentissimo Señor D. Thomas, Antonio Lorenço Manual de la Cerda, Manrique de Lara, Enriquez, Afan de Ribera, Portocarrero, y Cardenas, Conde de Paredes, Marqués de la Laguna... al entrar por la triumphal Portada, que erijió con magnificencia à su feliz venida. — Theatro de virtudes politicas que constituyen à un Prin-

cipe... — *Mexico, por la Viuda de Bernardo Calderon*, 1680. — Ens. 2 ouvrages en 1 vol. in-4, dérelié.

Deux pièces rares, relatives à l'entrée de Don Thomas, Antonio, Lorenço Manuel de la Cerda, Comte de Paredes et Marquis de Laguna, vice-roi du Mexique, dans la capitale de ce royaume.

La première pièce se compose de 4 ff. non ch. — La seconde de 4 ff. prél. non ch. et 88 pp.

140. SIMON (le P. P.). PRIMERA PARTE DE LAS NOTICIAS HISTORIALES de las conquistas de Tierra Firme, en las Indias Occidentales, compuesto por el padre Fray Pedro Simon... *En Cuenca, Domingo de la Yglesia*, 1626, fort vol. in-fol. titre-front. gr. vélin.

Titre-frontispice gravé sur cuivre par Alardo de Popma ; 8 ff. prél. non ch. 671 pp. à 2 col. et 20 ff. non ch. de table.

La seule partie parue de cet ouvrage recherché et devenu très rare, composé d'après les ordres et sous la direction du Conseil des Indes. Elle renferme la description et l'histoire des Indes Occidentales depuis leur découverte jusqu'en l'année 1622, principalement celle des provinces de Cumana et du Venezuela. A la fin se trouve un vocabulaire des principaux mots ou termes employés par les Indiens.

Exemplaire bien complet, avec le titre gravé et les ff. prél. qui manquent souvent.

141. SOLIS (A. de). Historia de la conquista de Mexico, poblacion, y progressos de la America Septentrional, conocida por el nombre de

Nueva España, escriviόla Don Antonio de Solis... Nueva edicion, enriquezida con diversas estampas, y aumentada con la vida del autor, que escrivio Don Juan de Goyeneche. *En Bruselas, Foppens*, 1704, in-fol. carte et pl. gr. br.

Edition fort belle et très estimée. Elle est ornée d'une vignette de Harrewyn, 12 grandes planches et 2 cartes, le tout gravé en taille-douce.

Bel exemplaire, ENTIÈREMENT NON ROGNÉ, offrant cette curieuse particularité qu'il possède, outre le titre cité plus haut, un second titre et les 2 ff. prél. du tirage paru la même année et portant l'adresse de : *Amberes, en casa de J.-B. Verdussen.*

142. SOLIS (A. de). Histoire de la conquête du Mexique, ou de la Nouvelle Espagne, par Fernand Cortez, traduite de l'espagnol de Dom Antoine de Solis, par l'auteur du Triumvirat (Bon André, comte de Broé, seigneur de Citri et de La Guette). *Paris, par la Cie des Libraires*, 1774, 2 vol. in-12, carte et 13 pl. gr. et pliées, v. ant. marb.

143. SQUIER (E.-G.). The Serpent Symbol, and the worship of the reciprocal principles of nature in America, by E.-G. Squier. *New-York, Putnam*, 1851, in-8, fig. et pl. cart. perc. citron.

Très important travail sur l'archéologie religieuse en Amérique.

ENVOI AUTOGRAPHE de l'auteur.

144. TERNAUX-COMPANS (H.). VOYAGES, RELA-

TIONS ET MÉMOIRES originaux pour servir à l'Histoire de la découverte de l'Amérique, publiés pour la première fois en français, par Henri Ternaux-Compans. *Paris, Arthus Bertrand,* 1837-41, 18 vol. in-8, br.

Histoire d'un pays situé dans le Nouveau Monde nommé Amérique, par Hans Staden de Homberg. — Relation et naufrages d'Alvar Nuñez Cabeça de Vaca. — Narration du premier voyage de Nicolas Federmann le jeune d'Ulm. — Histoire véritable d'un Voyage curieux fait par Ulrich Schmidel de Straubing — Histoire du Nicaragua, par G. Fernandez de Oviedo y Valdès. — Recueil de pièces sur la Floride. — Recueil de pièces relatives à la conquête du Mexique. — Second recueil de pièces sur le Mexique. — Rapport sur les différentes classes de Chefs de la Nouvelle Espagne, par Alonzo de Zurita. — Histoire de la province de Santa-Cruz, par Pero de Magalhanes de Gandavo. — Relation du Voyage de Cibola, entrepris en 1540. — Commentaires d'Alvar Nuñez Cabeça de Vaca. — Histoire du Pérou, par Miguel Cavello Balboa. — Relation véridique de la conquête du Pérou et de la province du Cuzco, par F. Xérès. — Mémoires historiques sur l'ancien Pérou, par Fernando Montesinos. — Histoire du royaume de Quito, par Don Juan de Valasco, 2 vol. — Recueil de Documents et Mémoires originaux sur l'Histoire des possessions espagnoles dans l'Amérique à diverses époques de la conquête.

145. TEZOZOMOC (H. de Alvarado). CHRONICA MEXICANA escripta por Dn Hernando de Alvarado Tezozomoc, por los años de 1598. — In-fol. de 322 ff. non rel.

MANUSCRIT daté du mois d'octobre 1755, d'une bonne

écriture, copié sur l'original alors en la possession du chevalier Lorenzo Boturini Benaduci, qui en parle dans son *Catalogo del Museo historico indiano*. Cette chronique traite des origines et de la descendance des premiers Indiens établis au Mexique. Elle s'arrête avec l'année 1519.

146. Vetancurt (le P. A. de). Teatro Mexicano. Descripcion breve de los sucessos exemplares, historicos, politicos, militares, y religiosos del Nuevo Mundo Occidental de las Indias... dispuesto por el R. P. Fr. Augustin de Vetancurt. *Mexico, por Doña Maria de Benavides*, 1698, in-fol. demi-rel. mar. grenat avec coins, dos orné, fil.

Ouvrage des plus précieux pour l'histoire mexicaine. L'auteur, le P. Auguste de Béthencourt, descendant du fameux Jean de Béthencourt, naquit à Mexico en 1620. Il prit très jeune l'habit religieux et passa presque toute sa vie parmi les Indiens; il mourut à l'âge de 80 ans.

Cette chronique se compose de 6 ff. non ch.; 66 pp. pour la première partie; 168 pp. pour les seconde et troisième parties et 1 f. non ch.

Notre exemplaire renferme de plus : *Tratado de la Ciudad de Mexico*; 56 pp. — *Tratado de la fundacion de la provincia del Santo Evangelio en la Nueva-España*; 136 pp. et 1 f. non ch., qui forment le complément du *Teatro Mexicano*.

Ensuite vient le *Menologio franciscano de los varones Masseñalados que... illustraron la provincia de el Santo Evangelio de Mexico;* par le P. de Béthencourt, 156 pp. Et le volume se termine par un second exemplaire du *Tratado de la Ciudad de Mexico*.

Piqûre de ver dans la marge inférieure du volume.

147. Villa-Señor y Sanchez (J.-A. de). Theatro Americano. Descripcion general de los reynos y provincias de la Nueva España y sus jurisdiciones... author D. Joseph Antonio de Villa-Señor y Sanchez. *Mexico, Bernardo de Hogal,* 1746, in fol. front. gr. vélin.

Tome I seul.

10 ff. prél. non ch. dont un curieux frontispice gravé à l'eau-forte par Balbas ; 382 pp. plus 2 ff. entre les pp. 232 et 233 ; 5 ff. non ch. de table.

Ouvrage des plus exacts pour la topographie du Mexique, l'auteur étant cosmographe de la Nouvelle Espagne et ayant parcouru dans tous les sens cette partie du Nouveau-Monde.

Piqûre de ver dans la marge intérieure du volume.

148. Xarque (F.). Insignes Missioneros de la Compañia de Jesus en la Provincia del Paraguay. Estado presente de sus Missiones en Tucuman, Paraguay, y Rio de la Plata, que comprehende su Distrito, por el doct. D. Francisco Xarque... *En Pamplona, por Juan Micon,* 1687, in-4, vélin.

12 ff. prél. non ch. et 432 pp. à 2 col.

Le dernier f. est fatigué.

149. Zuñiga (I.). Rapida ojeada al estado de Sonora, dirigida y dedicada al supreme gobierno de la Nacion, por el C. Ignacio Zuñiga, natural del mismo estado. *Mejico, impreso por Juan Ojeda,* 1835, pet. in-4 de 66 pp. br. rog.

DIVERS — LIVRES EN NOMBRE

150. ASTARLOA (P.-P. de). Apologia de la lengua Bascongada, ó ensayo critico filosophico de su perfeccion y antigüedad sobre todas las que se conocen : en respuestas a los reparos propuestos en el diccionario geografico historico de España, tomo segundo, palabra Nabarra; por D. Pablo Pedro de Astarloa, presbitero. *Madrid, Ortega*, 1803, in-4, bas. rac. ant.

Livre peu commun écrit en réponse à l'ouvrage de Don Joaquin Traggia : *Del origen de la lengua vascongada*. Il suscita de violentes critiques à son apparition entre autres celles de D. J. A. Conde, l'auteur de l'*Histoire de la domination des Arabes en Espagne*.

151. GRAMATICA Marastta a mais vulgar que se practica nos Reinos do Nizamaxa, e Idalxa offerecida aos muitos reverendos Padres Missionarios dos dittos Reinos. *Roma, na estamperia da Sagrada Congregacaõ de Propaganda Fide*, 1778, in-8, v. ant. marb. dos orné, fil.

45 pp. et 1 f. non ch.

Grammaire fort rare d'un dialecte parlé dans les Indes Orientales.

152. HERVAS (L.). Catálogo de las lenguas de las Naciones conocidas, y numeracion, division, y clases de estas segun la diversidad de sus

idiomas y dialectos, su autor el abate Don Lorenzo Hervas. *Madrid*, 1800-1805, 6 vol. in-4, bas. ant.

Important ouvrage dont le premier volume traite des *Lenguas y naciones Americanas.*
Exemplaire un peu fatigué.

153. LARRAMENDI (le P. M. de). El Impossible vencido, Arte de la lengua Bascongada, su author el P. Manuel de Larramendi. *Salamanca, Villargordo Alcaraz*, 1729, pet. in-8, dérelié.

Ouvrage peu commun.
Le titre et la planche d'armes de la province de Guipuzcoa sont doublés; les pp. 399 à 404 de la table sont manuscrites.

154. — Le même ouvrage, même édition, pet. in 8, dérelié.

Le titre est manuscrit ; 3 des ff. prél. et les pp. 399 à 404 manquent, ainsi que la planche d'armoiries.

155. PINGRÉ. Cométographie, ou Traité historique et théorique des Comètes, par M. Pingré. *Paris, Impr. Royale*, 1783-84, 2 vol. in-4, 7 pl. gr. v. ant. marb. dos orné.

156. ROSNY (L. de). Les Ecritures figuratives et hiéroglyphiques des différents peuples anciens et modernes, par Léon de Rosny. *Paris, Mai-*

sonneuve, 1860, in-4, 10 pl. lithogr. en noir et en couleur, br.

Travail important publié dans le but de faire connaître les éléments des différents systèmes hiéroglyphiques usités dans les deux continents, depuis l'antiquité la plus reculée jusqu'au temps moderne. Un chapitre est relatif aux anciennes peintures figuratives didactiques des Mexicains.

---

157. Aubin (J.-M.-A.). Notice sur une collection d'antiquités mexicaines (peintures et manuscrits) par J.-M.-A. Aubin. *Paris, Paul Dupont*, 1851, in-8 de 27 pp. br.

10 exemplaires.

158. Boban (Eugène). Documents pour servir à l'Histoire du Mexique. Catalogue raisonné de la Collection de M. Eugène Goupil (ancienne Collection J.-M. A. Aubin). Manuscrits figuratifs et autres sur papier indigène d'agave mexicana et sur papier européen, antérieurs et postérieurs à la conquête du Mexique (XVIe siècle). Texte avec une introduction de M. Eugène Goupil et une lettre-préface de M. Auguste Génin. *Paris, Leroux*, 1891, 2 vol. gr. in-4 de texte avec 2 portr. br. et 1 atlas in-fol. obl. de 80 pl. en phototypie, en feuilles dans un carton perc. grenat.

165 exemplaires complets, plus 27 exemplaires du tome II et 4 exemplaires de l'atlas.

Très belle publication accompagnée d'un magnifique

album renferment 80 reproductions de dessins et peintures extraits de manuscrits mexicains.

« Cet ouvrage est le catalogue raisonné et documenté de la précieuse collection de manuscrits figuratifs mexicains, connue sous le nom de : *Collection Boturini-Aubin*. Il a été rédigé par M. Eugène Boban, à la demande de M. Eugène Goupil, le dernier possesseur de la collection, qui, par cette publication, a rendu un nouveau et important service à la science. »

« Personne, de ceux qui s'occupent d'études historiques relatives au Nouveau-Monde, n'ignore le nom du chevalier Lorenzo Boturini ; on sait quelle merveilleuse collection de documents ce savant parvint à réunir pendant son séjour dans la Nouvelle Espagne. Poursuivi par l'autorité vice-royale, pour des motifs qu'il serait trop long d'énumérer ici, Boturini fut arrêté, emprisonné, dépossédé de sa collection, et enfin renvoyé en Espagne pour y être jugé. Le roi Philippe V et le Conseil des Indes rendirent justice au proscrit ; on blâma le vice-roi, comte de Fuenclara, qui l'avait maltraité, mais son *Museo Indiano* resta à Mexico. Transportée du greffe au tribunal vice-royal, au secrétariat du vice-roi, oubliée dans une bibliothèque du Ministère, promenée de couvent en couvent, la précieuse collection aurait fini par disparaître complètement en se disséminant dans les bibliothèques particulières, quand, heureusement, M. Aubin, qui était alors à Mexico, réussit, à force de persévérance et d'argent, à en retrouver et acquérir la plus grande partie qu'il apporta en France en 1840. Une autre partie avait été achetée par M. de Waldeck qui la revendit par la suite à M. Aubin. »

« Après avoir rétabli par ses divers achats la presque totalité du *Museo Indiano* de Boturini, M. Aubin publia, sur les instances de plusieurs savants, une copie lithographique de quelques fragments de sa collection ; il en dressa même un petit catalogue, puis brusquement il cessa toute publication et cacha soigneusement ses trésors. »

« La collection allait être vendue à l'étranger, lorsque, par l'intermédiaire de M. Boban, M. Eug. Goupil s'en rendit acquéreur. Dès que la collection Aubin fut aux mains de M Goupil, celui-ci chargea M. Boban d'en dresser un catalogue. Ce n'était pas chose aisée, car les documents mêlés, confondus, entassés, étaient dans un désordre complet. Il fallut plusieurs mois de travail pour mettre tout en place. »

« Enfin, M. Boban put commencer la rédaction du Catalogue, qui bientôt se transforma en deux superbes volumes in-4 et un atlas in-fol. »

« Voici quelques-uns des documents les plus importants qui sont étudiés et analysés dans cet ouvrage considérable :

1° *Histoire Chichimèque,* le *Chalchihuitl,* la pierre fine de la collection.

Ce document est celui qui servit à Don Fernando de Alva Ixtlilxochitl pour écrire sa curieuse *Historia Chichimeca* dont Ternaux-Compans nous a donné une excellente traduction.

M. Boban a étudié ce document avec un soin particulier. Les dix planches qui le composent sont données dans l'Atlas et dans le Texte, elles sont longuement analysées.

2° La *Mappe de Tepechpan.* Histoire synchronique et seigneuriale de Tepechpan et de Mexico, dont M. Aubin a publié un fragment rapporté par M. de Waldeck. Le document entier sur papier d'*agave mexicana* a 6 m. 25 de long.

3° Le *Tonalamatl.* Calendrier religieux et divination servant à la fois de rituel et de diurnal pour la célébration des fêtes et de base pour les pronostics généthliaques.

4° Le *Codex en Croix*. Annales de Cuauhtitlan de Texcoco et de Mexico. M. Boban n'est point partisan de ce sous-titre, car ce document n'a pas trait à Cuauhtitlan mais seulement à Texcoco et à Mexico. Il le conserve pourtant parce que c'est M. Aubin qui l'a baptisé ainsi.

5° Le *Codex de Vergara*, document cadastral fort curieux.

6° Le *Manuscrit de 1528* ou Annales historiques de la nation Mexicaine.

7° La copie du *Codex de 1576*, faite par Léon y Gama.

8° Un *Codex Mexicanus*.

9° Le *Culte rendu* à *Tonatiuh* (le Soleil), peinture figurative sur peau de cerf tannée.

10° Toute une série de papiers judiciaires, titres de propriétés, plans topographiques, petits catéchismes, tous, documents figuratifs postérieurs à la Conquête et accompagnés de textes et de légendes en Nahuatl, en Otomi, en Espagnol. »

« L'un des documents les plus importants de la collection Aubin-Goupil est une *Histoire Tolteco-Chichimèque*, manuscrit figuratif composé de nombreux dessins et de cinquante-neuf pages de texte en Nahuatl. »

« D'après ces quelques indications, il est facile de se rendre compte de l'importance d'une publication qui mérite une place d'honneur dans la collection de tous les Américanistes et dans toutes les grandes bibliothèques de l'Europe et de l'Amérique. »

159. Boban (Eugène). — Table analytique générale des matières contenues dans les deux volumes des Documents pour servir à l'Histoire du Mexique. Catalogue raisonné de la Collection de M. Eugène Goupil (ancienne

Collection J.-M.-A. Aubin)... *Paris*, *Leroux*, 1891, gr. in-4 de 61 pp. à 2 col. br.

109 exemplaires.

160. Histoire de la Nation mexicaine, depuis le départ d'Aztlan jusqu'à l'arrivée des conquérants espagnols (et au delà de 1607). Manuscrit figuratif accompagné de texte en langue nahuatl ou mexicaine suivi d'une traduction en français, par feu J.-M. A. Aubin. Reproduction du *Codex* de 1576 appartenant à la Collection de M. Eugène Goupil (ancienne Collection Aubin). *Paris*, *Leroux*, 1893, pet. in-8 carré, fig. et pl. en couleur, br.

Document publié et annoté par Eugène Boban. C'est la reproduction en couleur d'un recueil d'éphémérides peint et écrit par Léon y Gama jusqu'en 1576 et continué par divers auteurs mexicains jusqu'en 1608. Il se compose de 158 ff. orné de nombreuses figures, accompagnés d'une traduction française du texte Nahuatl, par J.-M.-A. Aubin.

171 exemplaires brochés auxquels on a ajouté quelques exemplaires en feuilles et un très grand nombre de défets avec figures en noir, de la première édition de cette reproduction, faite par les soins de M. Aubin.

161. Mappe Quinatzin. (Cour Chichimèque et histoire de Tezcuco). — Double planche in-folio.

Reproduction fac-similée par la lithographie de cette planche représentant de curieuses scènes de la vie sauvage des chichimèques.

90 exemplaires.

NOTES EXPLICATIVES

Ou Analyse des 9 volumes, grand in-folio

PUBLIÉS PAR

LORD KINGSBOROUGH

SUR LES

ANTIQUITÉS DU MEXIQUE

Londres, 1831 - 1848

Par Eugène BOBAN

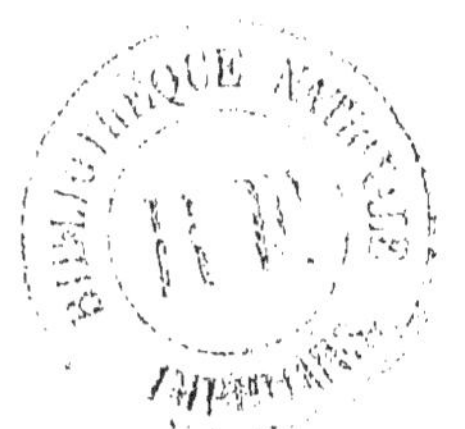

La superbe et unique publication : *Antiquities of Mexico*, de lord Kingsborough, se composait primitivement de sept volumes seulement, grand in-folio.

Les tomes I, II et III sont destinés aux nombreuses planches reproduisant les principaux manuscrits originaux des anciens Mexicains, dispersés un peu partout, dans les bibliothèques et différents musées de l'Europe. Le tome IV présente les nombreux dessins recueillis durant les trois expéditions du capitaine Dupaix (1805-1807). Les tomes suivants V, VI et VII contiennent le texte explicatif des manuscrits indigènes et de la série des monuments et objets sculptés par les anciennes populations du Mexique qui figurent au tome IV.

Deux volumes supplémentaires de texte ont été ultérieurement ajoutés et publiés par l'éditeur Henry G. Bohn. York street, Covent Garden, à Londres, en 1848.

Le tome VIII contient des extraits d'auteurs espagnols, suivi de l'*Histoire des Indiens de l'Amérique du Nord*, par James Adair, texte en anglais, *qui cherche à prouver que les Indiens descendent des Juifs*. Le tome IX et dernier comprend : La *Chronique Mexicaine* de Fernando Alvarado Tezozomoc, suivie de l'*Histoire Chichimèque*, de Don Fernando de Alva Ixtlilxochitl, ainsi que les *Relations* du même auteur (texte espagnol).

A la fin de ce volume se trouve un aperçu sur les rites anciens des indigènes de la Nouvelle-Espagne.

« Parmi les monuments élevés à la science que nous appelons américanisme, dit le professeur Léon de Rosny (*Revue Américaine*, deuxième série, n° 6, 1864, page 387), il n'en est pas de plus considérable et de plus splendide que celui dont Kingsborough a doté le monde savant.

« L'illustre lord, qui s'était montré d'une noble générosité pour le progrès de plusieurs sciences historiques, ne craignit pas de dépenser tout entière, pour la reproduction des documents écrits de la civilisation mexicaine, la riche fortune qu'il avait reçue de ses aïeux : il fit plus, il sacrifia à cette œuvre favorite sa liberté et sa vie, car il mourut, à ce qu'il paraît (1), dans une maison pour dettes, à Dublin, où ses créanciers le firent enfermer.

« Durant sa vie, lord Kingsborough, en véritable protecteur des lettres, distribua gratuitement de nombreux exemplaires de sa magnifique publication à toutes les grandes bibliothèques publiques et à quelques érudits qui, par leurs travaux, s'étaient rendus dignes de cette faveur, etc. »

L'absence d'une table analytique rend les recherches très pénibles, dans un pareil ouvrage ; c'est pourquoi nous avons cru devoir donner une description sommaire du contenu de chacun des neuf volumes. En librairie cet ouvrage est aujourd'hui épuisé et manque dans beaucoup de bibliothèques. Quand par hasard il passe en vente publique, il atteint le prix de 1.000 à 1.200 francs, les planches en noir, et 2.000 à 2.500 francs et quelquefois plus, avec les planches coloriées.

Ces gros in-folios ne mesurent pas moins de 0m 56 de hauteur, sur 0m 40 de largeur, aussi,

---

(1) Em. Domenech. Manuscrit pictographique américain. Introduction, page 33.

arrivent-ils au poids considérable de 10 à 12 kilogrammes chacun. Comme on peut le supposer, ces volumes sont forcément d'un maniement difficile et fort encombrants, même dans les grandes bibliothèques. A l'aide de la petite description que nous avons donnée plus haut et de celle plus détaillée qui va suivre, les travailleurs auront l'avantage de pouvoir choisir parmi ces volumes, et de ne les faire sortir de leur rayon qu'à bon escient.

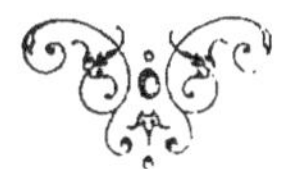

DESCRIPTION DE L'OUVRAGE

TITRE

Tomes I à VII : Antiquities of Mexico : || comprising || facsimiles || of Ancient Mexican Paintings and Hieroglyphics || preserved || in the royal Libraries of Paris, Berlin, and Dresden ; || in the Imperial Library of Vienna ; || in the Vatican Library ; || in the Borgian Museum at Rome ; || in the Library of the Institute at Bologna ; || and in the Bodleian Library at Oxford. || Together with || the Monuments of New Spain, || by M. Dupaix : || With their respective || scales of measurement and accompanying descriptions. || — || The whole illustrated by many valuable || Inedited Manuscripts, || by lord Kingsborough. || The drawings, on stone, by A. Aglio. || — ||. In seven volumes. || Vol. I (II, etc.) || — || London : || Printed by James Moyes, Castle street, Leicester square. || Published by Robert Havell, 77, Oxford street || ; and || Colnaghi, son, and co. Pall Mall East. || — || M.DCCC. XXXI.

Tomes VIII et IX. (Titre comme ci-dessus, jusqu'aux mots... *by A. Aglio*, et à la suite ;) — || In nine volumes. || Vol. VIII (et IX) || — || London : || Printed by Richard and John E.Taylor, Red Lion Court, Fleet street, || Published by Henry G. Bohn, York Street, Covent garden. || — || M. DCCC.XLVIII. ||

TOME I

CONTENTS OF THE FIRST VOLUME

Copy of the collection of Mendoza preserved in the Bodleian Library at Oxford. — 73 pages. — Marked Arch. Seld. A. 1. cat. Mss. Angl. 3134.

Copy of the Codex Telleriano-Remensis, preserved in the royal Library at Paris. — 93 pages. — Marked 14. Reg. 1616.

Fac-simile of an original mexican Hieroglyphic painting, from the collection of Boturini. — 23 pages.

Fac-simile of an original mexican painting, preserved in the collection of sir Thomas Bodley in Bodleian Library at Oxford. — 40 pages. — Marked Arch. Bodl. A. 75. cat. Mss. Angl. 2858.

Fac-simile of an original mexican painting, preserved in the Selden collection of Mss. in the Bodleian Library at Oxford — 20 pages. — Marked Arch. Seld. A. 2. cat. Mss. Angl. 3135.

Fac-simile of an original mexican Hieroglyphic painting, preserved amongst the Selden collection in the Bodleian Library at Oxford. — A Roll, marked Arch. Seld. A. Rot. 3. Cat. Mss. Angl. 3207.

La première planche porte à sa partie supérieure la signature d'André Thevet, cosmographe du Roi de France Henri II. Comme nous le verrons en étudiant le tome V, Thevet fut le premier possesseur de la collection de Mendoza. A sa mort, elle fut vendue par ses héritiers à Richard Hakluyt, aumônier de l'ambassade anglaise à Paris (1584) et payée environ 500 francs de notre monnaie.

Peu de temps après, le *Codex* de Mendoza fut transporté à Londres. Ce curieux document fut égaré pendant longtemps : on le cherchait à Rome, à Londres, à Paris, à Vienne à Madrid, quand subitement, on apprit qu'il se trouvait à Oxford, en Angleterre, dans la grande bibliothèque Bodléienne.

Au sujet du *Codex* de Mendoza, voici la note donnée par Don Antonio de Leon Pinelo, dans son *Epitome de la Biblioteca Occidental, Titulo XXV*, page 873, Tome II, Madrid, 1737.

« Don Antonio de Mendoça Virrei de Nueva España mando escrivir vn libro, que se le puede atribuir, por no aver otro autor. De las cosas Naturales. i Maravillosas de Nueva-España, Ms. i por esta obra, i diferentes cartas, parece le ponen entre los Escritores de las Indias. »

TOME II

CONTENTS OF THE SECOND VOLUME

Copy of a mexican Mss. preserved in the Library of the Vatican. — 149 pages. — Marked, n° 3738.

Fac-simile of and original Mexican painting given to the university of Oxford by archbishop Laud, and preserved in the Bodleian Library. — 46 pages. — Marked Laud B. 65, nunc 678. Cat. Mss. Angl. 546.

Fac-simile of and original Mexican painting preserved in the Library of the Institute at Bologna. — 24 pages.

Fac-simile of an original Mexican painting preserved in the Imperial Library at Vienna. — 66 pages.

Fac-simile of original mexican paintings deposited in the royal Library at Berlin by the Baron de Humboldt, and of a mexican bas-relief preserved in the royal cabinet of antiques. (1)

---

(1) Le lecteur trouvera quelques renseignements sur les différents manuscrits figurés des tomes I et II, dans les notes qui accompagnent la description du tome V.

TOME III

CONTENTS OF THE THIRD VOLUME

Fac simile of an original Mexican painting preserved in the Borgian Museum, the College of Propaganda, in Rome. — 76 pages (planches *in-plano*).

Fac-simile of original Mexican painting in the Royal Library, at Dresden. (1) — 74 pages.

Fac-simile of an original Mexican painting in the possession of M. de Fejérváry at Pess, in Hungary. — 44 pages.

Fac-simile of an original Mexican painting preserved in the Library of the Vatican. — 96 pages. (Total, 290 planches).

TOME IV

CONTENTS OF THE FOURTH VOLUME

Monuments of New-Spain, by M. Dupaix, from the original drawings, executed by order of the King of Spain, in three parts.

---

(1) Une reproduction en couleur de ce curieux manuscrit figuratif Yucatèque a été publiée à Leipzig, en 1882, chez MM. A. Naumann et Schrœder; elle est composée, comme l'original, de 74 planches : *Die Maya Handschrift, der Koniglichen Offentlichen Bibliothek zu Dresden. Herausgegeben von Prof. Dr. E. Förstemann.*

Le *Codex Dresdensis*, le plus beau de tous dit M. Georges Raynaud, le savant Américaniste (Les *Manuscrits Précolombiens*. Paris, E. Leroux, 1894, pages 8, 63 et suivantes), avait été acheté en 1739, en Italie, par le bibliothécaire J.-C. Gœtze.

Specimens of Mexican sculpture, in the possession of M. La Tour Allard, in Paris.

Specimens of Mexican sculpture, preserved in the British Museum.

Plates copied from the Giro del Mondo of Gemelli Careri ; with an engraving of a Mexican Cycle, from a painting formerly in the possession of Boturini.

Specimen of Peruvian Quipus, with plates representing a carved Peruvian box containing a Collection of supposed Peruvian Quipus.

La première partie des *Monuments of New Spain* de Dupaix est composée de 16 planches in-plano, contenant 34 dessins : masques, idoles, instruments et objets variés du Mexique. La planche 15 montre la face principale du temple de Xochicalco (de *Xochitl,* rose, fleur; *Calli,* maison et *co,* dans, en, sur, etc. : « Dans le Palais des Fleurs »).

Avant le capitaine Guillermo Dupaix, le savant physicien et astronome Mexicain, le Père José Antonio Alzate avait visité les ruines de Xochicalco ; il publia à Mexico, en 1787, la : *Descripcion de las antiguedades de Xochicalco en la provincia de Cuernavaca,* in-4. Ce même ouvrage a été traduit en italien et publié à Rome en 1804, par D. Pietro Marquez, sous le titre : *Due Antichi Monumenti di architettura Messicana,* etc. In-8, 47 p. et 4 planches.

Le Père Alzate fit une restauration quelque peu fantaisiste de ces ruines. On trouve également une autre restauration de ce monument, dans l'album publié à Paris par Nebel, qui, elle, semble se rapprocher d'avantage du genre des monuments Mexicains de cette époque, fort éloignée de nous.

Parmi les travaux de nos contemporains sur les ruines de Xochicalco, on peut citer : M. Méhédin, membre de la mission scientifique au Mexique, le Docteur Antonio Peñafiel, le Docteur Seler, de Berlin, etc.

On sait que Dupaix, capitaine retraité ayant appartenu au corps des Dragons de Mexico, fut chargé par le Roi d'Espagne de faire des explorations dans l'intérieur du Mexique à la recherche des monuments et des antiquités de ce pays; son premier voyage commença le 5 janvier 1805.

La seconde partie est formée de 56 planches contenant 130 dessins divers, présentant : des animaux sculptés sur pierres, des idoles, des instruments de musique Tlaxcaltèques, de bas-reliefs, armes, plans de tumuli et sépultures variés, puis un certain nombre de fragments fort intéressants trouvés dans les petits villages indigènes de l'Etat de Oaxaca.

La planche 28, composée de 4 feuilles réunies, nous montre le développement du fameux Palais de Mitla.

Lors de la conquête des provinces zapotèques, par les Aztèques ou Mexicains, ces derniers donnèrent le nom de *Mitla* ou *Mictlan* à ce grand Palais, dont les ornements se composent de merveilleuses grecques, très curieusement composées par des pierres plates placées en saillie, en relief, d'un grand effet décoratif.

Mictlan, pour les Mexicains, signifiait enfer, ou lieu habité par les morts. En langue Zapotèque, ce monument se nommait *Lyobáá*, ce qui veut dire le centre, le lieu du repos.

La troisième et dernière partie, concernant les explorations de Dupaix, faites en 1807, contient 45 planches. L'explorateur partit de Mexico, se dirigea du côté de Puebla, de là vers Tehuantepec, en traversant le pays des Zapotèques, dont la capitale est *Oaxaca*. Il nous donne les dessins d'un certain nombre d'objets anciens, et de monuments qu'il a rencontrés sur sa route.

A la planche 8, n° 12 il a représenté une petite médaille en cuivre, à laquelle il paraît attacher un grand intérêt, car il la croit d'une haute antiquité Américaine

Cette médaille est en cuivre, non frappée, mais gravée en relief; d'un côté elle montre un homme barbu, agenouillé, placé entre deux animaux fantastiqu s. Au revers on voit un gros serpent enroulé sur un arbre, un oiseau placé sur un rocher lui fait face, le tout entouré de montagnes escarpées. Cette pièce n'a rien absolument qui puisse établir qu'elle soit d'origine Américaine : au contraire, nous la supposons d'importation Européenne. Elle représente probablement un Saint Jean l'Evangéliste ou un anachorète quelconque, en prière dans les montagnes. Dupaix dit que cette médaille avait 2 pouces de diamètre et 3 lignes d'épaisseur; comme poids il la compare à une piastre mexicaine ; elle aurait été trouvée à Palenqué : on peut croire que cette pièce a été apportée par quelque moine ou soldat Espagnol, puis perdue dans cette contrée.

Les planches 15-16 nous présentent une série de figures féminines de grande taille; elles étaient placées près de l'escalier de la façade orientale, dans la cour du Palais de Palenqué (Chiapas).

La planche 20 présente un bas-relief de forme circulaire, très original; au centre apparaît un personnage nu accroupi à la manière des Hindous, sur un animal à 2 têtes, qui lui sert de siège ; près de lui se tient dans la même posture, mais sur le sol, une jeune femme, qui semble lui offrir une couronne ornée de longues plumes.

Les planches 26 et suivantes reproduisent des personnages, en bas-relief, aux costumes étranges, dont les coiffures sont ornées de longues plumes. Pour la plupart de ces bas-reliefs modelés en stuc ou sculptés en pierres, que l'on trouve à Palenqué, ce sont presque toujours des scènes religieuses, des présentations d'offrandes au dieu ou à des grands-prêtres.

La planche 41 montre un bas-relief du temple de la croix, le centre présente, en effet, une croix très historiée surmontée d'un oiseau symbolique tourné vers la droite; de chaque côté de cette croix se tiennent deux hommes debout, faisant des offrandes à l'oiseau sacré : cette scène est entourée de caractères hiéroglyphiques donnant sans doute l'explication de cette cérémonie religieuse. (1)

La plupart de ces monuments se trouvent figurés dans un certain nombre d'ouvrages sur le Mexique, parmi lesquels : *Stephens (J.-L.). Incidents of Travels in Yucatan.* Londres, J. Murray, 1843, 2 vol. in-8. — *Catherwood (F.) Views of ancient monuments in Central America, Chiapas and Yucatan.* Londres, 1844, in-fol. — *Antiquités mexicaines. Relation des trois expéditions du colonel Dupaix, ordonnées en 1805-1807, par Charles IV, pour la recherche des Antiquités du pays, notamment celles de Milla et de Palenqué ; avec les dessins de Castañeda et une carte des pays explorés*, etc. Paris, Impr. Didot, 1834-1836, 2 vol. in-fol. — *Waldeck (de)* et *Brasseur de Bourbourg, Monuments anciens du Mexique. Palenqué et autres ruines de l'ancienne civilisation du Mexique.* Paris, A. Bertrand, 1866, in-fol.

Dans ce dernier ouvrage, les planches ont été dessinées par M. de Waldeck, élève du peintre J.-L. David, qui songea plutôt à faire preuve de son talent qu'à copier fidèlement les documents qu'il avait sous les yeux.

On trouve également quelques renseignements sur le

(1) Le Musée d'Ethnographie du Trocadéro renferme un grand nombre de moulages en plâtres, des bas-reliefs, découverts à Palenqué (Chiapas) et au Yucatan, et d'autres provenances mexicaines. (Mission Désiré Charnay).

sujet qui nous occupe dans *Mexico a través de los siglos*, de M. Alfredo Chavero, mais ces renseignements sont puisés aux sources précédentes.

Enfin, le savant professeur d'archéologie et de linguistique, à l'Université de Pensylvanie (Etats-Unis), M. Daniel Brinton, a donné dans ses nombreux ouvrages sur le Mexique bien des documents fort utiles, sur les éléments graphiques et hiéroglyphiques, de ces anciennes populations.

Viennent, à la fin, 2 planches sans numéros.

La première nous indique la partie supérieure, plane, de la pierre cylindrique, connue sous le nom de *Cuauhxicalli* ou pierre de Tizoc ou Tizoctzin, septième Roi de Tenochtitlan.

Ce monolithe, ainsi que d'autres, a été découvert le 17 décembre 1791, à l'angle sud-ouest du parvis de la Cathédrale de Mexico, en pratiquant des travaux, pour l'écoulement des eaux. Il est maintenant exposé dans le Musée national de Mexico. A Paris, le Musée d'Etnographie du Trocadéro en possède un moulage en plâtre rapporté par la mission Méhèdin (1867).

Au centre de la partie supérieure plane de ce cylindre on remarque une cavité ou cuvette intentionnellement creusée dans la pierre, destinée peut-être à recevoir le sang ou le cœur de certaines victimes(?). De cette cuvette, à la circonférence, on voit une entaille, peu profonde, irrégulière, bien certainement postérieure à l'exécution de ce monument.

Quelques personnes ont prétendu que cette entaille servait de canal, pour laisser couler le sang des victimes, car assuraient-elles la pierre de Tizoc devait être un *Temalacatl*, ou pierre de sacrifice, ce qui n'est pas probable. L'entaille en question a été simplement faite au moment où l'on découvrit cette pierre, dans le but, bien arrêté, de la diviser, de la détruire, comme cela s'est produit pour un grand nombre de monuments du même genre, dont les fragments servirent à l'empierrement des rues et des places de Mexico.

Cette pierre cylindrique a été taillée dans un bloc de roche trachytique; son diamètre est de 2ᵐ67, hauteur 0ᵐ84.

La deuxième planche, pliée en trois, nous donne tout le développement de la circonférence, afin d'en faciliter l'étude. On y voit 15 groupes de 2 personnages sculptés en bas-relief.

Le dessinateur, qui a représenté ici la pierre de Tizoc, a divisé ce grand bas-relief de 8ᵐ28 de circonférence, en deux parties, en vue de la largeur des planches; contre l'ordinaire au lieu de commencer son dessin par le personnage principal, par le roi Tizoc, à qui, dit-on, ce monument était destiné, il a commencé au hasard.

On sait que le caractère idéographique, qui désigne le nom de Tizoc, est figuré par une jambe humaine avec son pied ; tantôt cette jambe porte des rayures longitudinales, comme on peut le voir sur le bas-relief de la *Dedicacion del templo mayor de Mexico,* ou bien une jambe traversée par une flèche, comme dans plusieurs manuscrits figuratifs de la collection E. Eugène Goupil, et ailleurs. De plus, Tizoc est coiffé d'un grand panache, surmontant une tête d'aigle et la figure du roi semble sortir du bec de cet oiseau de proie.

Sur l'original la jambe en question est placée très rapprochée du panache du prince, c'est-à-dire que l'orteil se trouve mêlé aux plumes de la coiffure; dans notre dessin ce caractère en est éloigné, de telle sorte que l'on pourrait supposer qu'il appartient au groupe placé à gauche du monarque. Ce dernier groupe par conséquent est incomplet. On a oublié le caractère hiéroglyphique, donnant le nom du prisonnier : sur le bas-relief original, on trouve le *Cuetlaxtli*, ce qui veut dire un nœud formé de lanières de cuir tanné, ce caractère désignait la province de Cuetlaxtla, lieu où abondent les nœuds ou lanière de cuir (la ville des tanneurs). Mais ce qui contribue surtout à embrouiller l'interprétation de ces bas reliefs ; c'est que le dessinateur de Kingsborough a représenté le roi Tizoc, en grand costume accompagné du caractère de son nom (une jambe humaine), dans la seconde partie de la planche, au lieu de le mettre en tête des 15 groupes.

Du reste, ces groupes de 2 personnages représentent invariablement le roi Tizoc vainqueur, placé à gauche et faisant face aux vaincus. Les 15 guerriers destinés à représenter le roi Tizoc portent tous au pied gauche un ornement, une sorte de volute, formée sans doute avec des plumes de colibris; c'est cet ornement qui fit croire au baron de Humboldt que les anciens Mexicains possédaient une arme spéciale pour le pied. Nous supposons plutôt que cet ornement était simplement l'un des attributs du dieu de la guerre, le guerrier gaucher, comme on nommait Huitzilopochtli (1).

---

(1) Il est facile de s'en convaincre en comparant le même roi Tizoc figuré sur le bas-relief de la pierre commémorative de la consécration du grand temple de Tenochtitlan (Mexico).

C'est bien le portrait du monarque aztèque en personne, il n'a pas d'ornement au pied gauche, comme on le voit sous la grande pierre cylindrique, ou *Cuauhxicalli*, dont nous parlons plus haut ; aussi est-il logique de croire que les artistes, les sculpteurs, ont cherché à diviniser, déifier le monarque, en le représentant avec les attributs du dieu de la guerre, Huitzilopochtli, en souvenir de ses nombreuses victoires.

C'est pour nous la seule explication que l'on puisse donner à cet ornement bizarre porté au pied gauche.

Humboldt en parlant de la pierre cylindrique de Tizoc « dit que les groupes figurés étaient au nombre de 20 »· il fait erreur, c'est 15 seulement. Tizoc, représenté 15 fois sur les bas-reliefs de cette pierre, tient de sa main gauche, par la partie supérieure de la coiffure, ou par une mèche de cheveux, à la manière égyptienne, les 15 vaincus ou prisonniers, qui en signe de soumission inclinent la tête (1) et présentent au monarque Mexicain l'*atlatl* (instrument dont ils se servaient pour lancer les sagaies). Chacun des prisonniers porte le caractère hiéroglyphique, donnant le nom de la province ou de la contrée à laquelle il appartient.

Le roi Tizoc est également représenté sur un bas-relief connu sous le nom de *Lapida commemorativa de la dedicacion del gran Teocalli.*

C'est une petite dalle rectangulaire hauteur 0m885×0m605, appartenant au Musée National de Mexico. Sa partie inférieure présente la date de la consécration. *VIII Acatl* (1487), figuré par le caractère conventionnel *Acatl* (roseau) accompagné de 8 points ou disques, indiquant le nombre des années.

La partie supérieure est occupée par deux personnages placés vis-à-vis l'un de l'autre, de profil comme c'est la coutume dans la plupart des bas-reliefs mexicains. Ils sont debout, vêtus et ornés des insignes royaux, accomplissant un acte religieux, se perforant l'oreille à l'aide d'une pointe d'agave, à la manière mexicaine, offrant au dieu leur sang qui coule à flots. Les deux sont pieds nus, en signe d'hu-

(1) Mme Zelia Nuttall est parfaitement de cet avis : voir un curieux travail publié par elle, dans : « *Archæological and Ethnological papers of the Peabody Museum, Harvard-University*. Vol. 1. N. 3 : *The Atlatl or spear-thrower of the ancient Mexicans*. Cambridge. Mass. 1891, Plate 1, figs 6 : *Sculptured warrior carryng, atlatl below shield, on so-called sacrificial stone. City of Mexico* », etc.

milité sans doute, sur le sol on voit 2 *tlemaitl* ou brûle-parfums, d'où s'échappent des flammes ; les manches de ces tlemaitl sont terminés par des têtes de serpents. Au-dessus un certain nombre d'objets et instruments variés destinés au culte, assez mal déterminés par les auteurs modernes.

Le personnage placé à l'angle de gauche est facile à reconnaître ; c'est le roi de Tenochtitlan (Mexico), Tizoc ; le caractère de son nom est figuré par une jambe humaine, rayée verticalement, on sait que ce prince avait ordonné la construction d'un grand temple au centre de la capitale Aztèque, et qu'il était mort avant son achèvement.

Ce monument fut terminé et consacré par son successeur le roi Ahuitzotl, en 1487. Ce dernier est représenté à l'angle de droite du bas-relief, le caractère phonétique de son nom est figuré par un petit carnassier amphibie l'*ahuitzotl* entouré du signe atl (eau) afin d'indiquer un animal qui vit dans l'eau. Ici l'*ahuitzotl* nous offre une variante, le sculpteur l'a représenté avec une queue fortement enroulée sur elle-même en spirale.

Les auteurs croient reconnaître dans l'*ahuitzotl*, la Loutre, *Lutra*, genre de carnassiers de la tribu des digitigrades selon Cuvier, de la famille des musteliens selon Isidore Geoffroy Saint-Hilaire. Ce sont des animaux essentiellement aquatiques et très bons nageurs, leur tête est plate et large ; leur museau terminé par un mufle dans lequel sont percées les narines ; leur corps est élargi et comme écrasé, leurs jambes courtes et leur queue aplatie.

Le petit animal représenté ici sur la pierre commémorative, et qui sert à désigner le roi mexicain Ahuitzotl, a au contraire la queue enroulée en spirale, les oreilles longues et la tête non aplatie. Ces caractères nous rappellent plutôt un animal nommé au Mexique *tlacuatzin*, le *tlacuache*, sorte de sarigue à longue queue prenante. (*Didelphus*, mammifère de l'ordre des marsupiaux). C'est une question à étudier.

On trouve dans l'ouvrage qui a pour titre : *Anales del Museo Nacional de Mexico*, T. I. entrega 2ª. 1877, page 60, une note de Don Manuel Orozco y Berra, sur le bas-relief en question : *Dedicacion del Templo mayor de Mexico*.

Don Alfredo Chavero en donne aussi une description dans son livre intitulé : *Mexico à travès de los siglos*. Cap. IV, page 782.

Nous avons apporté du Mexique, lors de notre dernier voyage (1885), une série d'estampages faits sur des pièces du musée de Mexico, par le docteur Peñafiel. Parmi eux se trouve la pierre commémorative, que l'on peut voir également à Paris au musée d'Ethnographie du Trocadéro, parmi les nombreux estampages exécutés au Mexique par M. Désiré Charnay.

Leon y Gama a donné une interprétation des caractères hiéroglyphiques (1) qui nous occupent ici. Don Fernando Ramirez et Orozco y Berra s'en sont également occupés (2). Enfin, M. Alf. Chavero a donné ses conclusions à ce sujet (3).

A la suite des *Monuments of New Spain* viennent 11 planches, reproduisant des idoles sculptées en pierres, des représentations d'animaux variés, ayant appartenu à la collec-

---

(1) *Descripcion historica y cronologica de las dos piedras*. Edition de Carlos Maria de Bustamante. *Mexico*, 1832, par. 7, page 46.

(2) *Anales del Museo Nacional de Mexico*. Tomo I. Entrega 1ª. Mexico, 1877 page 16 : *El Cuauhxicalli por el Sr D. M. Orozco y Berra*.

Dans ce même recueil, Don Jesus Sanchez donne aussi des détails sur le même sujet. T. III, entrega 4ª 1883, page 127.

(3) *Mexico a travès de los siglos*, Capitulo IV, page 773, par Don Alfredo Chavero.

tion de M. Latour-Allard (1). Cette collection fut exposée dans la salle des antiquités américaines au musée du Louvre, vers 1850 ; on trouve une description de ces objets dans : *Notice des monuments exposés dans la salle des antiquités américaines* (Mexique et Pérou), *au Musée du Louvre*, par Adrien de Longpérier, conservateur des Antiques. Brochure in-8, 130 pages. Paris, 1850.

Puis, suivent 5 planches d'idoles mexicaines en pierres sculptées appartenant au British Museum.

Les planches qui viennent après, représentent des documents ayant appartenu à Boturini. Ces pièces ont été publiées dans l'ouvrage *Giro del Mundo*, par Gemelli Careri. La première est une carte hydrographique de la vallée de Mexico. La seconde présente 5 monarques mexicains. La troisième nous montre *La Pérégrination Aztèque ou Jeroglifico de Sigüenza* (voir nos *Documents pour servir à l'histoire du Mexique*. Tome II, page 245. N° 83 du catalogue qui précède ces *Notes*). La quatrième pièce est la copie du cycle des anciens Mexicains, publié également par Gemelli Careri. Voici la légende que porte cette planche, dans l'ouvrage de Kingsborough :

COPIED FROM AN OIL PAINTING.

Au dessous de la légende ci-dessus se trouve la mention suivante :

« Entre la Coleccion que hizó el Cavallero D^on Lorenzo Boturini, de los mapas y caracteres Antiguos que usaban los Indios de esta America, y que se le aprendieron por orden del Señor Virrey de este Reyno ; se hallaron quatro Ruedas, o Kalendarios como este, aunque con diversas notas y gero-

(1) Actuellement la Collection de feu M. Latour-Allard se trouve réunie au Musée d'Ethnographie du Trocadéro.

glifìcos, por donde dichos Indios se gobernaban y hacian el computo de los Meses, Años, y Siglos como de los quatro tiempos y curso de la luna ; y de orden del Real Consejo, por el año de mil setecientos quarenta y cinco se hizó por el interprete general de esta Real Audiencia la inspeccion y reconocimiento asi de ellas, como de los mapas y demas caracteres haprendidos, y se remitio a su Majestad descifrados todos en un Resumen. Esta misma Rueda Estampada con otras diversas de los Indios de este Reyno, se enquentra en Francisco Gemelli, Autor Italiano, en el Tomo sesto de su *Giro del Mundo.* »

Enfin les dernières planches du IVe volume sont au nombre de 7 ; la première nous montre un spécimen de Quipos Péruviens. Les Quipos ou Qquipou sont des cordelettes à nœuds de différentes couleurs, destinées à marquer les faits importants de l'histoire civile et religieuse, chez plusieurs populations Américaines. Les dernières planches de cette série présentent les détails d'une boîte ou coffre sculpté, œuvre d'un artiste indigène, mais assurément d'un travail postérieur à l'arrivée des conquérants espagnols.

TOME V

Ce volume est précédé d'une lettre de félicitations en anglais, adressée à lord Viscount Kingsborough, par M. Augustin Aglio (1) qui avait été chargé par lui de la publication de ce grand ouvrage, à Londres, signée *Augustine Aglio*, datée *36, Newman street, Oxford street, 1830.*

(1) Artiste peintre, de nation italienne.

La page qui suit présente un tableau chronologique (sans numéro ni indication) des années 1558 à 1619, concordant avec le calendrier Mexicain, au moyen des quatre signes hiéroglyphiques qui leur servaient à désigner les années : *Tochtli conejo, Acatl caña, Tecpatl Pedernal* et *Calli casa*, suivis de chiffres correspondants.

Vient après un *Extrait de l'ouvrage de M. de Humboldt sur les Monuments de l'Amérique* (vues des Cordillères).

Cet extrait occupe 32 pages, les pages suivantes 33, 34, 35 et 36 contiennent un supplément à l'extrait, donnant une note explicative sur le Codex Mexicain Telleriano-Remensis (1), appartenant à la Bibliothèque Nationale de Paris.

M. de Humboldt dit « que ce manuscrit a appartenu jadis à l'archevêque de Reims, Le Tellier : on ignore par quelle voie il est tombé entre ses mains. Il ressemble, dit-il, quant à l'extérieur, au manuscrit conservé dans la Bibliothèque du Vatican sous le nº 3738. » Plus loin il ajoute : « Le Codex Mex. Tellerianus renferme la copie de trois ouvrages différents dont le premier est un almanach rituel, le second un livre d'astrologie, et le troisième une histoire mexicaine depuis l'année 5 *tochtli*, ou 1197, jusqu'à l'année 4 *calli*, ou 1561 ». Il donne ensuite l'explication succincte de ces trois parties.

De la page 37 à 126, soit 88 pages de texte espagnol, nous donnent :

Esplicacion de la Coleccion de Mendoza (2), laquelle débute ainsi ;

---

(1) C'est la copie d'un manuscrit ancien faite sur papier européen par des copistes intelligents, vers 1562, à Mexico.

(2) Ce titre est accompagné de la note suivante : The Mss. containing this collection of paintings is not original ; the outline of the figures is

Parte primera. Comienza la Historia y Fundacion de la Cabdad (pour *Ciudad*) *de Mexico*, etc.

A plusieurs reprises nous avons cité cette importante compilation des anciens manuscrits figuratifs mexicains dont la transcription fut faite par ordre du célèbre vice-roi de la Nouvelle-Espagne, Don Antonio de Mendoza. (Voir *Documents pour servir à l'histoire du Mexique*. Tome II, pages 73 et suivantes. N° 83 du catalogue qui précède ces *notes*).

Ce précieux Codex a été peint sur papier européen, une vingtaine d'années seulement après la conquête, par des écrivains mexicains parfaitement au courant de l'histoire politique et civile de leurs ancêtres ; aussi sera-t-il toujours un des documents les plus authentiques et les plus intéressants à consulter sur le Mexique ancien. Don Antonio de Mendoza, premier vice-roi de Mexico, eut l'excellente idée de faire ajouter à chaque page de ce recueil la traduction des hiéroglyphes en mexicain et en espagnol, à l'aide de nos caractères romains.

Quand la collection fut terminée, elle fut envoyée à l'Empereur Charles-Quint vers 1549, mais en route, le navire qui la portait fut capturé par un corsaire français. (1).

---

done with a pen, and they are drawn on European paper. It is preserved in the Bodleian Library at Oxford, amongst the MSS. of Selden, and is the same unquestionably that Hackluyt purchased of Thevet, Geographer to the King of France, whose name appears written on several of the pages ; having afterwards become the property of Purchas, in the manner he relates, it is highly probable that Selden obtained it from him. The history of this MS., as given by Purchas in the third volume of his « Pilgrimages », increases its value. On his authority, the title of « Collection of Mendoza » is here given to this collection of paintings, as no mention is made in the MS. itself that the paintings were done by the order of Viceroy of Mexico.

(1) Il est bien possible que le fameux Codex Mexicanus, appartenant à la

A la suite de cet événement, la collection de Mendoza tomba entre les mains d'un savant qui connaissait bien le continent américain, Thévet, le géographe du roi de France, Henri II.

La description des planches du Codex Mendozino commence à la page 37. On y trouve d'abord des renseignements sur les 18 premières planches du tome premier.

A la page 54 commence la 2me partie, laquelle a trait aux tributs payés à la couronne de Mexico, par un certain nombre de provinces, composés de produits en nature : Céréales, fruits, métaux variés, pierres fines, armes, tissus, plumes, peaux d'animaux, etc., etc.

Cette seconde partie du Codex de Mendoza a beaucoup d'analogie, et peut être confondue avec celle d'un manuscrit original peint sur papier indigène, provenant de la Collection de Boturini, conservé dans le musée de Mexico et connu sous le nom de : *Libro de los tributos que pagaban algunos Pueblos de Mexico a el Emperador Moctezuma*

C'est ce même document original, qui fut reproduit, mais très incorrectement, par Lorenzana (voir le nº 124 du catalogue qui précède ces notes). Voici le titre que cet auteur donne au recueil de planches insérées entre les pages 176-177 de son livre : *Cordillera de los Pueblos, que antes de la Conquista pagaban tributo a el Emperador Muctezuma* (sic), *y en que especie. y cantidad.*

Aussi peut-on supposer que le Codex de Mendoza (copie

Bibliothèque du Corps législatif, ait été importé en France de la même manière ; peut-être en même temps que le Codex Mendozino.

Le Codex Mexicanus est entré à la bibliothèque de la Chambre des députés en 1826, et a été acheté au prix de 1.300 francs.

Voir une description de ce manuscrit figuratif dans : *Documents pour servir à l'histoire du Mexique*, par E. Boban, Tome 2, pages 202 et 518.

faite sur papier européen), en ce qui touche à la deuxième partie, aurait été copié sur ce manuscrit original peint sur papier de maguey, ou sur un document du même genre, sauf la différence dans le classement des planches qui n'est pas exactement le même.

Dans l'ouvrage de Kingsborough, la deuxième partie du Codex de Mendoza (1), concernant les tributs à payer à Motecuhzoma, les planches sont au nombre de 39, tandis que le manuscrit figuratif original du Musée de Mexico (2), sur le même sujet, n'en contient que 32 (16 feuilles de papier de maguey peintes verso et recto).

A la page 90 commence l'explication de la troisième partie dans laquelle on trouve 13 notes explicatives sur le même nombre de planches ; ces notes se terminent à la page 113 ; puis suivent 12 pages contenant les Index des trois parties de la Collection de Mendoza (texte espagnol), qui prennent fin à la page 126.

A la page 129 commence l'explication des planches du *Codex Telleriano-Remensis*, manuscrit Mexicain conservé à la Bibliothèque Nationale de Paris, marqué 14 Reg. 1616, n° 24, que nous avons déjà cité en décrivant les premières pages de ce tome V. Ce Codex occupe 93 planches dans le tome Ier.

Ces notes explicatives sont divisées en quatre parties occupant 15 ff. de texte en espagnol ; elles se terminent à la page 158.

(1) Le Codex, ou mieux la collection dite de Mendoza, occupe 73 planches dans le 1er vol. de lord Kingsborough.

(2) Le docteur D. Antonio Peñafiel en a donné une parfaite reproduction en couleurs dans son ouvrage : *Monuments de l'art Mexicain ancien, ornementation, mythologie, tributs et monuments*. Berlin et Paris, 1890, 1 vol. gr. in-fol., 358 pp. et atlas de 318 planches (176 en couleurs et 142 en noir), en deux portefeuilles spéciaux, le texte est en langues française, espagnole et anglaise.

Le manuscrit Le Tellier est postérieur à l'arrivée du conquérant Cortès, puisqu'il a été copié sur papier espagnol. Il en était de même pour le *Codex Vaticanus* et la *Collection dite de Mendoza*, conservé dans la Bibliothèque Bodléienne, à Oxford (Angleterre).

Ces trois documents sont d'importantes copies faites sur papier européen, peu de temps après la conquête espagnole sur des manuscrits figuratifs originaux peints par les anciens Mexicains, sur papier de maguey et sur peau d'animaux, lesquels sont maintenant à jamais perdus.

A la page 161, nous trouvons l'explication de 91 des planches du *Codex Vaticanus* (1) comprenant 46 pages de texte en italien. Ce curieux Codex a été copié et commenté par le dominicain Pedro de los Rios vers 1566. C'est une copie assez grossièrement faite mais dont les commentaires sont fort intéressants.

A la page 207, on trouve la description des trois expéditions de Guillermo Dupaix (1805-1807), sur les *Antiquités Mexicaines*, texte espagnol. La première se termine à la page 225 ; la seconde occupe les pages 227 à 283, et la troisième les pages 284 à 321.

A la page 322, commence un supplément à la description du *Palenqué*, suivi d'un autre sur les figures gigantesques, et enfin d'un troisième supplément sur les 3 dalles contenant des hiéroglyphes. Ces notes diverses finissent à la page 339.

---

(1) Le *Codex Vaticanus de Rome* (marque n° 3738) et le *Telleriano-Remensis* de la Bibliothèque Nationale de Paris, sont tout à fait semblables, comme on peut le voir dans le tome I.

Le premier de ces Codex a le défaut d'être mal dessiné et surtout mal classé ; les feuilles sont transposées. Celui de la Bibliothèque de Paris, au contraire, est mieux classé, mais il lui manque quelques feuilles.

Suivent les 4 dernières pages de cette série contenant la description de la *Pierre Triomphale qui existe à l'Université de Mexico*, texte espagnol. Cette pierre triomphale, dont on parle ici, n'est autre que le *Cuauhxicalli* ou pierre de Tizoc, dont nous avons fait mention en décrivant le tome III.

La page 345 porte le titre suivant : *Libro sexto de la Retorica y Filosofia, moral y Teologia, de la Gente Mexicana, donde hay cosas muy curiosa tocantes a los primores de su lengua, y cosas muy dedicadas tocantes a las Virtudes morales, por el M. R. P. Frayle Bernardino de Sahagun, de la Orden de los Frayles Menores de la Observancia.*

Ce travail du Père Sahagun occupe 145 pages, (texte espagnol), se terminant à la page 490, qui est la dernière de ce cinquième volume.

TOME VI

Ce volume commence par un appendice, divisé en trois parties, texte anglais :

Appendix : *The Interpretation of the Hieroglyphical paintings of the Collection of Mendoza*, 16 pages, contenant l'explication des planches I à XVIII.

The second part : On trouve ici les notes explicatives des planches XIX à LVII, se terminant à la page 44.

The third part : Cette troisième partie contient l'explication des planches LVIII à LXXII, suivie de : *Index to the first part of the Collection of Mendoza. — Index tho the second part of the Collection of Mendoza. — Index to the names of persons and offices.* — Ces index se terminent à la page 94.

La page 95 commence ainsi :

The Explanation of the Hierogylphical Paintings of the Codex Telleriano-Remensis (1).

Cette description est divisée en 4 parties : la première contient 13 notes ; la seconde 33 ; la troisième 8 ; la quatrième 39 ; suivies d'un chapitre : *Supplementary Remarks*, se terminant à la page 153.

La page 155 porte le titre suivant :

The Translation of explanation of the Mexican paintings of the Codex Vaticanus (2).

Ce chapitre donne l'explication des 92 planches contenues, comme les précédentes, dans le tome I. Il se termine à la page 232.

A la suite, au bas de la même page, nous trouvons une série de nombreuses notes divisées en 3 chapitres ; le premier porte le titre suivant :

Arguments tho show that the Jews in early ages colonized America (3).

---

(1) Ce titre est accompagné de la note suivante : The *Codex Telleriano-Remensis*, is merely a copy by Peter de los Rios, a Dominican monk, of a Mexican calendar. An original Mexican calendar, painted on paper of the Agave, and very much resembling the *Codex Telleriano-Remensis* in the disposition of the signs of the days of the year round the figures of the principal Mexican idols, is preserved in the Library of the Chamber of Deputies at Paris. »

(2) Ce titre est accompagné d'un renvoi dont voici le commencement : « The paintings of the Vatican Codex, n° 3738, resemble, by being merely copies of ancient Mexicain paintings, those of the Collection of Mendoza : the outlines of the figures are done with a pen, and the extremely coarse style of the original drawings is not at all exaggerated in the plates. From the method which has been adopted in every instance in copying the Mexican paintings contained in the present work by means of transparent paper, the greatest correctness has been the result ; and the minute hieroglyphics of the Dresden MS. have been no less closely imitated in this manner than the larger figures of the paintings of Veletri, etc. »

(3) Ce titre, comme le précédent, est accompagné de la note suivante : « Neither these Arguments, nor the reasons for supposing that Chris-

Au bas de la page 401, vient la deuxième note dont voici le titre.

Note II : *American traditions which appear to be derived from a Hebrew source.*

Cette deuxième partie s'arrête à la page 409.

Au bas de la même page 409 on trouve le 3e chapitre des notes, avec ce titre :

Note III : *Reasons for supposing that christians in early ages colonized America.*

Ce dernier chapitre prend fin à la page 420.

A la suite se trouvent les documents suivants :

Page 421 : *The Monuments of New Spain, by M. Dupaix, the first expedition in search of antiquities, undertaken in the year 1805.*

Page 432 : *Second expedition in search of Mexican antiquities, by M. Dupaix.*

Page 444 : *The Antiquities of mount Alvan.*

Page 447 : *Antiquities of Saint Paul of Mitlan.*

Page 552 : *Sepulchral architecture.*

Page 557 : *Instruments employed in the arts.*

Page 558 : *Antiquities in the towns of Zachila and Quilapa.*

Page 464 : *Antiquities of the City of Tlascala.*

Page 467 : *Antiquities of Tehuantepec.*

Page 473 : *Antiquities of Palenque.*

Page 478 : *Of the art of moulding in stucco.*

Page 484 : *Description of the triumphal* (1) *stone preserved in the University of Mexico.*

---

tians in early ages colonized America which follow, were originally intended to be printed in a separate form, but to serve as notes to accompany the translations in detached portions, which may excuse in some measure the want of connexion between some of the passages. »

(1) Nous avons parlé de cette pierre cylindrique connue sous le nom de

Cette dernière description se termine à la page 486.

A la page 487, commence une série de notes, au nombre de 30, sur différents chapitres contenus dans ce VIe volume ; la trentième note a trait à la description de la *Casa Grande que llaman de Moctezuma* (1), *situada a una legua del Rio Gila*. Cette note termine le VIe volume, à la page 540.

TOME VII.

Ce volume tout entier (447 pages, texte espagnol), reproduit l'ouvrage suivant : *Historia Universal de las cosas de Nueva-España, por el muy R. P. Fray Bernardino de Sahagun de la Orden de los Frailes Menores de la Observancia...*

Cet important travail a été divisé par l'auteur en 12 parties ou livres, le 12me livre a trait à la *Conquête de la Nouvelle Espagne* par les Espagnols commandés par Cortès.

Sahagun terminait ce manuscrit vers 1566 ou 1569, et ce n'est qu'en 1830, qu'il fut imprimé simultanément, à Londres par lord Kingsborough, et à Mexico par Don Carlos Maria de Bustamante.

Nous emprunterons, du reste, au bibliographe le plus autorisé parmi les Mexicains, feu Don Joaquin Garcia Icazbalceta, dans son livre intitulé : *Bibiiografia Mexicana del Siglo XVI*, les détails qui vont suivre sur le manuscrit du Père Sahagun.

Cuauhxicalli ou pierre de Tizoc (voyez dans la description du IVe volume),

(1) Voyez dans les *Documents pour servir à l'histoire du Mexique*. Catalogue raisonné de la collection de M. E.-Eug. Goupil. Tome II, page 224. (n° 83 du catalogue qui précède ces notes) : Un manuscrit sur papier européen contenant, sur la première page, un petit plan du palais dit de Moctezuma, avec son orientation et une échelle, « *escala de* [illegible]

Ce plan est identique à celui que donne lord Kingsborough à la fin de son VIe volume.

En parlant des différentes copies faites sur le manuscrit de Sahagun (en Espagne) Icazbalceta dit, page 293 :

« La copia sacada de 1802 à 1804 para los Franciscanos de Tolosa pasó por manos del conocido colector D. Antonio Uguina, y si la remitio luego a su destino, pereceria con el convento, que segun dice el P. Mier, fue incendiado durante la guerra contra los Franceses (1).

« Lord Kingsborough dice que obtuvo otra, « de letra de Muñoz », hecha « hacia unos cuarenta años », lo que nos hace retroceder á la ultima decada del siglo pasado. (2) Que fuera de letra de Muñoz esa copia, es mas que dudoso, porque si no concluyo la que existe en su Coleccion, mas pudiera haber hecho otra completa. Sacchi, que escribio la biografia del pintor italiano Aglio, empleado por Kingsborough para recoger los materiales de las Antiquities of Mexico, habla del descubrimiento de la obra de Sahagun por Muñoz, y agrega : « Con su acostumbrado brio copio (Muñoz) de su puño toda la obra, y enriquecio con ella su inestimable Coleccion, de la cual, desgraciadamente, no estaba destinado el mismo a sacar todo el fruto Luego, por encargo de su Mecenas, obtuvo Aglio a fines de 1828 un traslado de esa copia. que se publico en 1830. » (3) Aunque aqui se habla de una copia completa, de letra de Muñoz, que creemos no ha existido nunca, resulta de todos modos que la de Kingsborough no tenia tal circunstancia. Se sacaria directamente del Ms. de Tolosa, que por estar en la Coleccion de Muñoz se creeria ser de su puño,como otros

---

(1) Cartas a Muñoz apud Hernandez y Davalos, Coleccion de Documentos para la Historia de la Guerra de Independencia de Mexico (1879), tome III, page 172, nota.

(2) « ... Which was transcribed about forty years ago by the hand of the spanish librarian Muñoz... it .. consists of two folio volumes. » Antiquities of Mexico, vol. VI, pages 265-266.

(3) *Cenni sulla vita e le opere di Agostino Aglio* (Cremona, 1868, 4°) page 48. Las primeras palabras de Sacchi estan tomadas de Prescott, conquest of Mexico. vol. I, page 88.

papeles de ella me inclino a admitir, despues de todo, que la copia obtenida por Aglio para Kingsborough seria la que por ese mismo tiempo vendio a un librero de Londres en L. 135 el distinguido marino español D. Felipe Bausá, uno de los emigrados que residian entonces en aquella corte. (1) Esa copia se habia sacado cuando el Ms. estaba ya en la Academia de la Historia, es decir, despues de 1816, (2) y no pudo ser la dada a Uguina, en 1802 y 1804.

« Aunque ya habia salido del convento de Tolosa, se hallaba en la biblioteca de la Academia, y existia copias de ella, el mundo literario no conocia la historia de Sahagún. Los primeros que llamaron la atencion hacia ella fueron los redactores del periodico mensual que se publicaba en Londres con el titulo de « Ocios de Españoles emigrados. » En las paginas 369 a 380 del primero tomo dieron un extracto bastante extenso de la obra, para lo cual parece que tuvieron a la vista la copia de Bausá, uno de ellos, quien tal vez fue autor del articulo. Pocos años después se publicaba casi simultaneamente en Mexico y en Londres. Desgraciado anduvo hasta el fin nuestro ilustre misionero : cayo por una parte en mano de editores extrangeros, y por otra en las de D. Carlos Maria de Bustamante, que fue peor. El Lord inglés incluyo la Historia de Sahagun en su gran coleccion Antiquities of Mexico ; pero tuvo la singular occurencia de dividirla en dos trozos. Los 40 primeros capitulos del libro VI estan en el tomo V, y todo lo demas en el VI, (3) no puso nota alguna. »

---

(1) Bustamante, en Sahagun, tome III, page 325. — Puede verse una noticia biografica de Bausa en la pag. 109 del tom. II. de la Colleccion de opusculos del Exm. Sr. D. Martin Fernandez de Navarrete. Madrid, 1848, 2 ts. 8°.

(2) Ocios de Españoles emigrados, page 369. Que la copia analizada en ese periodico fué la misma que servio a Kingsborough se comprueba cotejando los pasajes citados alli con los correspondientes en la edicion de Londres. Basta recordar una sola circunstancia : repetidas veces se da en ambas partes al P. Sequera el apellido Segura, adulterado evidentemente por el copista.

(3) Ici Ibcazbalceta fait erreur, ce n'est pas dans le VIe volume que se trouve lereste de l'ouvrage de Sahagun, mais bien dans le VIIe.

Au sujet de l'édition du même ouvrage publiée à Mexico en 1829-1830, par Don Carlos Maria de Bustamante, voici ce que dit Icazbalceta, déjà cité, page 293 :

« El coronel D. Diego Panes, colector entendido y escritor de cosas de Mexico, obtuvo que Muñoz, con quien llevaba amistad y correspondencia, le franquease el Ms. de Tolosa. Y aqui aparece otra dificultad, porque Panes asegura (1) que el codice estaba « en dos volumenes gruesos, de letra muy metida, antigua », y el de Tolosa, desde que solio del convento estaba en uno solo, como consta del acta de entrega à Muñoz. De otra copia antigua en poder de este, no hay rastro alguno, y menos de que esa en dos volumenes la sacara tambien del convento de Tolosa : circunstancia que concurria en la que presto a Panes, como este lo dice expresamente.

« Carezco de medios para resolver la dificultad, y me ocurre unicamente una debil conjectura. Como hay en el codice dos dedicatorias al P. Sequera, una en castellano al frente del lib. 1, y otra en latin, que encabeza el VI, jusgaria Panes que la division original era en dos volumenes, y que si llegaban a su poder juntos en un cuerpo, era puramente por obra accidental del encuadernador. Lo cierto es que saco su copia en 1793, y para mayor comodidad en el uso la dividio en tres tomos, con la rara circunstancia de haberle dado exactamente la misma distribucion que tiene el codice de Florencia.

« Trajo Panes à Mexico su copia, con animo de imprimirla, y aun cuando no lo verifico, vino a servir de original para la edicion de Bustamante . . . .
. . . . Panes vino a Mexico con su copia el año de 1795, y a pesar de haber vivido todavia diez y seis mas, pues fallecio el 4 de Octubre de 1811, a nadie la comunico, y todos ignoraban que existiera aqui tan importante obra. Lacausa de estre secreto puede haber sido el deseo de publicarla, y darla a conocer ya impresa. Ardia entonces la

(1) Autentica al frente del lib. XII (1re éd.), pagina VIII.

guerra de insurreccion, y nadie podia pensar en papeles historicos ; pero consumada la independencia en 1821, la familia de Panes resolvio ofrecer al primer congreso Mexicano los papeles del finado coronel, como lo verifico por medio de D. José Ignacio Esteva, disputado por Veracruz ; pero como esto ocurrio a principios de Agosto de 1822, y poco después fué disuelta aquella asamblea, la comision nombrada para examinar los papeles nada resolvio. Con los trastornos de la epoca se extraviaron varios manuscritos, y aquel valioso obsequio quedo sepultado en los archivos de la Camara, sin que nadie le hiciese caso.

« Esto retrajo al Sr Esteva de entregar otro « gran cajon » de libros que los herederos de Panes le habian enviado con igual objeto, y no se sabe que se hizo.

« El Dr. D. Felix Osores, en sus adiciones manuscritas a la Biblioteca de Beristain, nos da una lista de los papeles de Panes entregados al Congreso, ó a lo menos de los que existian cuando en 1825 y 26 et tomó empeño en que se recogiesen y ordenasen : no esta entre ellos el Sahagun. Quedaria en el « gran cajon » que no entrego Esteva, ó en poder de la familia. Bustamante refiere (Ed mex., 1, VII) que cuando « se vendieron » los libros de Panes, D. Miguel José Bellido compro el manuscrito en cien pesos. Esa venta se haria por los herederos, y no pudo comprender sino los libros del « gran cajon » retenido, ó los que aun conservase la familia. En manos del nuevo poseedor quedo el Sahagun tan ignorado como antes, al grado que cuando el periodico « Ocios de Españoles Emigrados » llego a Mexico, el articulo relativo a la obra causó verdadera novedad.

« Fué reproducido por el periodico « El Sol » en los números correspondientes a los dias 16 y 17 de Mayo de 1825, sin decir de donde se tomaba ; y el infatigable D. Carlos Maria de Bustamante comenzo desde entonces a llamar la atencion hacia la obra del misionero Franciscano, ya copiando pasajes enteros de la Historia en las ediciones que publicaba, tomandolos del periodico citado, (1) ya pro-

(1) La edicion mexicana de la Cronica de Gomara (1826) trae uno de estos pasajes (1.141) : hay otro en la obra intitulada : Tezcoco en los últimos tiempos, etc., que se publico a fines de ese año (pagina 225).

moviendo en el Congreso la adquisicion del manuscrito de Londres : todo lo cual prueba que ignoraba la existencia de otro en Mexico, y que no llego à saberla sino hasta los primeros mes del año de 1829.

« En el nº 10 del tomo 1 de la « Voz de la Patria », periodico que publicaba el mismo Bustamante, hay un dictamen de la comision segunda de hacienda del Congreso, fechado el 4 de Marzo de 1829, cuya proposicion 5ª es que se excite por medio del Gobierno al Encargado de Negocios de la Republica en Londres a fin de que compre el manuscrito de Sahagun, y lo haga imprimir en aquella capital, remitiendo acá la edicion.

« Como el documento se hizo publico, y en el se encarecia la conveniencia de la impresion, el Sr. Bellido, poseedor de la copia de Panes, se resolveria a ofrecerla al mismo Bustamante, comisionado por el Congreso para imprimir aqui varias obras historicas que en el dictamen se citan, y se la cedió por los mismos cien pesos que le habia costado, deduciendo veinte con que contribuyo para los gastos de la impresion. Lo cierto es que el futuro editor adquirio su ejemplar por aquellos dias, porque poco tiempo después de publicado el dictamen promovia formalmente en el Congreso la edicion, y franqueaba el manuscrito para que se hiciera.

« La Camara de Diputados acepto la propuesta, y acordo en 31 de Mayo de 1829 que se imprimiera la obra por cuenta del erario : pero habiendo pasado en ese mismo dia el acuerdo al Senado, se entorpecio alli el despacho del negocio, y nada se hizo por entonces. (Ed. Mex., I. XII), etc.

« Esta obra se copio en Madrid (1), en casa del Cosmo-

---

(1) Cette note se trouve à la page 7 du prologue. Tome I. Historia general de las cosas de Nueva-España, escribio el R. Fr. Bernardino de Sahagun. Edition de don Carlos Maria de Bustamante. Mexico, 1829. Il termine son premier volume par la suivante :

NOTA. — Sabemos a no dudarlo que al embajador Ingles en Madrid se le acaba de hacer el obsequio de una copia de esta obra del P. Sahagun, lo que prueba el aprecio que merece tanto a los españoles como estrangeros, por lo que nos es muy satisfactorio el darla a luz en Mexico.

grafo D. Juan Bautista Muñoz, a espensas del brigadier D. Diego García Panes, veracruzano, a quien por amistad se la franqueó. Habiendola traido de España se vendio entre sus libros por cien pesos, a D. Miguel José Bellido, quien por igual cantidad me la vendió, rebajando veinte pesos para su impresion ; en la edicion del libro doce he copiado por autentica la relacion literal del señor Panes a que me remito. B. »

Mentionnons une très bonne traduction en français, de l'ouvrage de Fray Bernardino de Sahagun : *Histoire générale des choses de la Nouvelle-Espagne,* etc., traduite et annotée par le docteur Jourdanet et Remi Siméon (1). Un gros volume in-4, 1880. Paris, chez G. Masson, éditeur.

Voici maintenant les titres des divers livres de l'ouvrage, que nous empruntons à la table qui termine ce tome VII :

PRIMER LIBRO.

De la muchedumbre de Dioses que esta gente Mexicana adoraban en tiempo de su gentilidad. El Apendix de este libro trata de la confutacion de la Idolatria en la misma lengua Española...

SEGUNDO LIBRO.

De las fiestas y solemnidades con que honraban a sus Dioses ; y el Calendario que usaban por todos los meses y dias del año. El Apendix de este libro trata de los edificios

---

(1) Remi Siméon, naquit à Lurs (Basses-Alpes), le 1er octobre 1827 et mourut le 23 novembre 1890. — Voir l'article nécrologique du *Compte rendu des séances de la Société américaine de France*, 1892, T. 1, n° 3, page 37. — Le docteur Jourdanet est mort peu de temps après son collaborateur.

miembros de todo el cuerpo interiores y exteriores, y de las enfermedades y medicinas contrarias, y de las naciones que han venido à esta tierra, etc., pag. 257.

LIBRO UNDECIMO.

De los Animales, Aves, Peces, Arboles, Yerbas, Flores, Metales, y Piedras, y de los Colores, etc., pag. 323.

LIBRO DUODECIMO.

De la Conquista de la Nueva-España que es la Ciudad de Mexico, etc., pag. 414 à 447 ou fin.

M. Antonio Maria Fabié, délégué du gouvernement espagnol et de l'Académie royale d'histoire de Madrid, a fait la communication suivante sur l'œuvre du Père Bernardino de Sahagun (*Compte-rendu du Congrès international des Américanistes*, 7e session. Berlin, 1888, page 89) :

« Sabido es que la obra del P. Sahagun segun el mismo declara se formo de este modo : reunio en dos ocasiones distintas los indios mas ancianos y entendidos en sus antigüedades y las representaron en pinturas estos mismos, y otros tradujeron dichas pinturas en lengua Nahuatl, y por ultimo el P. Sahagun vertio este texto al castellano formando al proprio tiempo un glosario de aquella lengua.

« Hasta ahora solo ha visto la luz la traduccion castellana tomada sin duda del códice que pertenecio al monasterio de Franciscanos de Tolosa y que hoy posee la Real Academia de la Historia, las demas partes de la obra permanecen ineditas y de ellas posee dos importantes fragmentos España ; uno de ellos existe en la Biblioteca del Palacio y el otro en la de la Academia.

« Ademas en la Biblioteca medico-laurentiana de Florencia hay un códice en tres tomos en folio que por su encuadernacion y otras señales revela claramente que pertenecio à

España y es sin duda el mas completo y perfecto de esta obra, pues en el estan las pinturas, el texto Nahuatl, la version castellana y el glosario aunque no completo. La Real Academia de la Historia tiene acordada la publicacion de esta importantisima obra valiendose de los elementos que posee y prévias las negociaciones oportunas, del códice de Florencia, pero lo harà cuando las circunstancias se lo permitan ».

TOME VIII

Ce volume commence avec la Préface qui suit :

PRÉFACE

« This Supplement consist of Extracts from the works of Torquemada, Acosta, and Garcia. The object of annexing it to the present work is to illustrate the last portion of the Mexican paintings contained in the Collection of Mendoza, and to show the correspondence which exists between many of the Mexican and Hebrew laws

« The order in which the various subjects follow each other is the same as that preserved in those paintings : — the baptism of Children, their education, the marriage, ceremony, customary amongst the Mexicans, the austerities practised by their priests, and the arts in which they chiefly excelled, are successively described. Next follow many Chapters taken from the works of Garcia and Torquemada, in which the ordinances of Leviticus and Deuteronomy are compared with the ritual observancies and moral laws of the Mexicans. The last chapters are very curious, and deserving of attentive consideration. »

Ces extraits supplémentaires occupent les 89 premières pages, (texte en espagnol.) De la page 91 à 115 on trouve : Sermam do auto-da-fé. Que se celebrou na praça do rocio desta cidade de Lisboa, junto dos passos da inquisiçam, em 6 de setembro de 1705, em presença de suas Altezas, etc., (texte en portugais.)

La page 117 contient la réponse à ce sermon, texte en espagnol : Respuesta al Sermon predicado por el Arçobispo de Cranganor en el Auto de Fé, celebrado en Liboa, en 6 septiembre año de 1705. Por el Autor de las Noticias reconditas de la Inquizicion, Obra Posthuma. Impresso en Villa-Franca, por Carlos Vero, a la Insignia de la Verdad.

Cette réponse prend fin à la page 149 ; à la suivante nous trouvons : Historia del origen y Fundacion de el Santo Oficio, y de el tiempo que ha que paso a estos Reinos de la Nueva España.

A la page 153 : De los Autos generales, que este Santo Oficio y Tribunal ha tenido en diversos tiempos en esta Nueva-España, despues que en ella entro.

A la page 155 : Capitulo XX. Della « Prattica per procedere nelle Cause del S. Offizio. » Ce chapitre, texte en italien, se termine à la page 157.

A la suivante on lit : Historia del Origen de las gentes que poblaron la America septentrional, que llaman la Nueva-Epaña con noticia de los primeros que establecieron la monarquia que en ella floreció de la nacion Tolteca, y noticias que alcanzaron de la creacion del Mundo, su Autor. El Licenciado Don Mariano Fernandez de Echevarria y Veitia. Caballero profeso del orden militar de Santiago. Cette histoire finit à la page 217.

Vient à la suite : Tercera noticia de la segunda parte de las noticias Historiales de las Conquistas de tierra firme en el Nuevo Reyno de Granada, por Pedro Simon, ofrecida à nuestro invictisimo Cesar Filipo IV, en el Real Consejo de Indias, años 1624. Ces notes se terminent à la page 271.

A la page 273, on lit : History of the North American Indians, their customs, etc., by James Adair, on the descent of the American Indians from the Jews. Ce travail se termine à la page 400.

Vient après: Cartas ineditas de Hernando Cortes. Cinco cartas de Hernando Cortes escritas a S. M. desde 15 de mayo de 1522 hasta 10 de Octubre de 1520 sobre la conquista de la Nueva-España y descubrimiento de la mar del Sur, etc...

A la page 413, se trouve la carta sexta, page 415 : Memorial dirigido al Emperador por el marques del Valle. Ces lettre du Conquérant du Mexique finissent à la page 418, puis suivent à la page 419 : Relaciones ineditas de Fernandez de Oviedo. Dialogo del Alcaide de la Fortaleza de la Ciudad è Puerto de Santo Domingo de la Isla Española, autor y Chronista destas Historias de la una (sic) parte, è de la otra, un Caballero vecino de la gran Ciudad de Mexico, llamado, Jhoan Cano, etc. — Ces relations se terminent à la page 424 et dernière de ce huitième volume.

TOME IX

Le neuvième et dernier volume de ce grand ouvrage comprend d'abord la : *Cronica Mexicana de Fernando de Alvarado Tezozomoc*, précédée de *l'Advertencia del Padre Francisco Garcia Figueroa* :

Don Fernando Alvarado Tezozomoc fue sin duda un de los investigadores mas diligentes de las antigüedades Mexicanas Ilustrado de particulares conocimientos, los comunico por medio de sus obras en que presenta utiles, curiosas y agradables noticias de su nacion, que pueden ocuparse dignamente en la Historia Universal.

« Clavigero se aprovecho de muchas noticias de Tezozomoc para su historia : lo mismo hizo Don Mariano Veytia para las que compuso en la Puebla de los Angeles.

« Que Tezozomoc escribiese por el año de mil quinientos noventa y ocho, parece lo persuade una expresion del capitulo 81 : vease al folio 354, a la vuelta. Dos partes escribio Tezozomoc ; esta que es la primera ; y la segunda, que segun el orden cronologico, deveria tratar de la entrada y conquista, se há perdido.

« El habil Boturini, que hace particular memoria de esta primera parte de Tezozomoc en su catalogo, solicito la segunda y no la pudo conseguir. De la Cronica MS. que fue de Boturini, saco Don Mariano Veytia un ejemplar por el año de mil setecientos cincuenta y cinco ; y del ejemplar de Veytia se saco la presente copia, a que se aplicaron las atenciones que devia inspirar el conocimiento de la importancia de la obra. »

Voici le titre du premier chapitre de cet ouvrage :

CAPITULO I.

Aqui comienza la Cronica Mexicana (1) : trata de la descendencia y linage venida a esta Nueva-España : de los Indios Mexicanos que habitan este Nuevo Mundo : el tiempo

---

(1) Une autre édition de la même Chronique Mexicaine de Hernando Alvarado Tezozomoc a été publiée à Mexico en 1878 ; en voici le titre : *Bibliotheca mexicana.* — Cronica Mexicana escrita por D. Hernando Alvarado Tezozomoc, Hacia el año de MDXCVIII Anotada por el Sr. Lic. D. Manuel Orozco y Berra y precedida del Codice Ramirez, manuscrito del siglo XVI intitulado : Relacion del origen de los Indos q:e habitan esta Nueva-Espña segun sus Historias, y de un examen de ambas obras, al cual và anexo un estudio de Cronologia mexicana por el mismo Sr. Orozco y Berra. Jose M. Vigil, editor. Mexico. Imprenta y Litografia de Ireneo Paz. 1a calle de San Francisco, nº 13, 1878. Un vol. petit in-fol. 712 pages, planches intercalées dans le texte.

en que llegaron à la Ciudad de Mexico Tenuchtitlan : asiento y conquista que en ella hicieron, y hoy habitan, y residen en ella, llamada Tenuchtitlan, etc.

Cette chronique est divisée ici en 110 chapitres seulement, et elle occupe les 196 premières pages de ce IXe volume.

Après la *Cronica Mexicana* de Tezozomoc, le neuvième volume de Kingsborough donne à la page 197 et suivantes : *Historia Chichimeca* (1) *por Don Fernando de Alva Ixtlilxochitl.*

Plus d'un demi-siècle après on a publié, à Mexico, les œuvres de l'auteur indigène Ixtlilxochitl en deux volumes : le premier, comprend les Relations, le second, l'histoire Chichimèque ; en voici le titre de ces œuvres : Obras Historicas de Don Fernando de Alva Ixtlilxochitl, publicadas y anotadas por Alfredo Chavero. se hace esta edición por acuerdo del señor Presidente General Porfirio Diaz ; para presentarla como un homenaje de Mexico a Cristobal Colón en el cuarto centenario del descubrimiento de America. Tomo I, Relaciones ; 1 vol. in-8 508 pages ; tomo II, Historia Chichimeca, 455 pp. *Mexico, oficina tip. de la Secretaria de fomento, calle de San Andrés, numéro 15, 1891.*

L'Histoire chichimèque est précédée de : *Advertencia de parte del colector*, que voici :

---

(1) Voir les notes données dans l'ouvrage : *Documents pour servir à l'histoire du Mexique* .Catalogue raisonné de la collection de M. E.-Eugène Goupil, tome I, pages 53 à 218. — Sur l'histoire chichimèque, et son auteur Ixtlilxochitl, voir : tome II, page 371 et suivantes.

H. Ternaux-Compans donnait. en 1840, une traduction en français de l'histoire des Chichimèques ou des anciens rois de Tezcuco ; par Don Fernando et Alva Ixtlilxochitl, et les relations du même auteur, traduites sur le manuscrit espagnol, publiées dans : Voyages, Relations et Mémoires originaux pour servir à l'histoire de la découverte de l'Amérique, etc., 2 vol. in-8. Chez Arthus Bertrand, libraire-éditeur, à Paris, 1838-1840 .

« La historia Chichimeca, que presenta este tomo, fue de la pluma de Don Fernando, de Alva Ixtlilxochitl. Del mismo original del puño de Don Fernando, saco Boturini una copia, que sirvio de original a otro traslado de esta obra, à quien fuera de su merito natural puede servir de recomendacion lo siguiente. Deseoso Su Magestad del complemento de Historia del Origen de las Gentes que poblaron la America Septentrional, comenzada y no concluida por Don Mariano Veytia, dispuso en su real orden de 21 de Febrero de 1790, se reconociesen los Mss., borradores y apuntamientos de este laborioso escritor, a fin de encontrar los hechos importantes de mas de un siglo que faltan en su Historia.

« Para dar cumplimiento a las reales intenciones, examinamos con madura reflexion todos los borradores, fragmentos y memorias del difunto Veytia ; pero el exìto no correspondió á nuestros deseos, ni a la prudente esperanza de la Corte. No hay mas que algunos borradores sobre la historia del origen de los antiguos pobladores de esta America Septentrional, y estos no pasan del capitulo 7 del lib. 3.

« Si entre los Mss. de nuestra inspeccion, hay algunos monumentos de la antigüedad, que puedan presentar copiosa luz sobre el origen de los antiguos pobladores, son precisamente la presente historia. Chichimeca y las Relaciones del mismo Don Fernando de Alva comprendidas en el tomo 4° de esta coleccion. A nuestro entender, ellas solo pueden ministrar noticias capaces de suplir aquel defecto.

« Tal vez a primer aspecto muchas de estas noticias pareceràn indiferentes ; pero luego descubrirá la reflexion el influxo directo, que pueden tener en la historia del origen de los pobladores.

« Estamos firmemente persuadidos que para empezarla, disfruto Veytia las mismas obras, que recomendamos para su continuacion.

« Certifico que esta historia se ha copiado literalmente de

---

(1) Voyez l'ouvrage cité plus haut. Tome 2, pag. 362 et suivantes, au sujet de ces manuscrits.

un ejemplar que fue de Don Mariano de Veytia. (1). Mexico, Catorce de Octubre de mil setecientos noventa y dos. — Fray Francisco Garcia Figueroa.

Cette histoire comme la précédente a été divisée par l'auteur en 95 chapitres, et se termine à la page 316. Les pages suivantes contiennent les relations du même auteur, précédées de l'*Avertancia del Padre colector*.

« Las Relaciones de Don Fernando de Alva Ixtlilxochitl merecen particular estimacion. Sacadas felizmente del fondo de la antigüedad, presentan agradables objetos à la diversion y a la enseñanza.

« Ellas grangearon a su autor las alabanzas de los Mexicanos estudiosos de la antiguedades de su patria, y capaces de conocer el merito por las bellas luces de su naturaleza y aplicacion. Don Carlos de Sigüenza y Gongora, Don Francisco Clavigero, y Don Mariano Veytia, han celebrado particularmente las obras de Ixtlilxochitl, y con razon, pues desembolver las antiguas monarquias, sus progresos, decadencia politica y vicisitudes, dar ideas de las ciencias artes, poblacion, agricultura, manufactura é industria de sus nacionales, ilustrar dudas, desimpresionar los errores y fabulas que insensiblemente se habian introducido en las memorias de los sucesos patrios, y tratar estas materias con profundo conocimiento, libre de impresiones vulgares, con sencillez, y animado del amor à la verdad, debe producir un ventajoso concepto de las obras de Ixtlilxochitl.

« No se pretende que sus Relaciones carezcan de defectos : el ajuste y concordia de las cronologias ofrece muchos puntos disonantes dignos de seria correccion.

« Para sacar la siguiente copia de las obras historicas de Don Fernando de Alva Ixtlilxochitl, hemos tenido presentes dos ejemplares Mss. El primero pertenece al archivo de este Convento Grande de Mexico de los Padres Franciscanos de la regular observancia ; el segundo el mismo que sirvio a Don Mariano de Echevarria y Veytia, que nos puso en las manos la poderosa solicitud del Excelentisimo Señor Conde de Revilla Gigedo.

« Deseosos pues de la mayor exactitud y buen orden d esta copia, que considerabamos perder en gran parte de la perfeccion del original, nos aplicamos seriamente a confrontar los dos ejemplares manuscritos, para dar la preferencia al que la mereciese por el mayor arreglo : depues de un prolixo examen preferimos el de Don Mariano Veytia.

« Observamos que en este ejemplar no esta corrompida la escritura de las antiguas voces del idioma Mexicano, de que abunda la obra, antes bien se mantienen sin alteracion con el caracter propio de su origen : ventaja que desvanece muchas dificultades que pudieran interrumpir la inteligencia en el curso de la narracion.

« Fuera de esto, nos animó à dar la preferencia a aque ejemplar, el saber que es el propio que sirvio para la composicion de sus obras al celebre escritor Americano, Don Mariano Echevarría y Veytia, quien supo emplear su buen discernimiento y preciosa critica en la eleccion de los antiguos manuscritos, que son el fondo de las importantes obras que hacen tanto honor a su ingenio è incansable aplicacion.

« La obra original del puño de Ixtlilxochitl, estaba en la libreria del colegio maximo de los Padres ex-Jesuitas, como noticia Clavigero : el Caballero Boturini saco una copia de aquel original, y de la Copia de Boturini traslado Veytia el año de 1755 la que nos ha servido de original. Algunos borrones se encontraran en esta obra ; queremos decir, que en su contesto hay algunos parrafos y expresiones duras, odiosas y de mal sabor.

« Agitado el espiritu del autor de las ocurrencias de aquel tiempo, dejo correr la pluma con inconsiderada libertad. »

Ces curieuses Relations d'Ixtlilxochitl finissent à la page 468. A la page 469, commence une nouvelle pagination de 60 pages, qui terminent le volume, contenant :

Ritos antiguos, sacrificios é idolatrias de los Indios de la Nueva España y de su conversion à la Fée y quienes fueron los que primero la predicaron.

Carta Dedicatoria. Epistola Proemial de un Frayle Menor al Ilustrisimo Señor Don Antonio Pimentel, sexto Conde de Benavente, sobre la relacion de los ritos antiguos, idolatrias y sacrificios de los Indios de la Nueva-España, y de la maravillosa conversion que Dios en ellos há obrado.

Declarase en esta Epistola el origen de los que poblaron y se enseñorearon de la Nueva-España, etc.

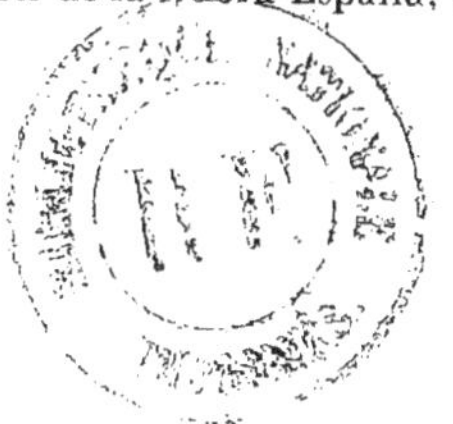

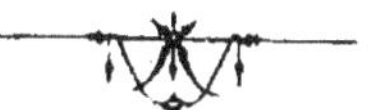

TABLE DES MATIÈRES

N° 870

TOURS, IMP. TOURANGELLE

www.ingramcontent.com/pod-product-compliance
Lightning Source LLC
LaVergne TN
LVHW010611110826
845149LV00003B/865

* 9 7 8 2 0 1 9 9 5 0 6 1 3 *